こころの免疫力を上げる言葉の習慣

口ぐせで人生は決まる

Life is decided by a habit

中島輝
Nakashima Teru

きずな出版

はじめに
その「自己肯定感」、間違っています！

——自己肯定感。

ここ10年ほどで、急速にこの言葉が広がりました。いまはビジネスでも、子育てでも、学生同士の会話でも、さまざまな場面で「自己肯定感」というワードが聞こえてきます。書店に足を運べば「自己肯定感」を冠した本は数多く出版されているし、雑誌やテレビでの特集も多い。関心の高さはとどまるところを知りません。

かくいう私も、そんな自己肯定感についての本を数多く執筆し、セミナーなどを開催している人間の一人です。

でも、だからこそ思うのは、自己肯定感についての誤解が多すぎるということ。言葉だけがあまりにも急激に広がったせいでしょうか。いま、世間で言われている「自己肯定感」のほとんどは、誤った使い方がなされているのです。

だから、自己肯定感という言葉に惑わされ、悩む人がとても多いのだと思います。

「自己肯定感が低くてつらい」

「どうやったら自己肯定感が上がるんだろう」

「あの人は自己肯定感が高くてうらやましいな」

そういう声を聞くたび、私は「もったいない！」と思ってしまいます。みなさんは、自己肯定感を勘違いしているだけなのです。

たとえば、自己肯定感が高いのは、明るくアクティブな性格の人だと思っていませんか？

自己肯定感が高いとは、自己評価が高い、自信家の人のことを指すのだと思っていませんか？

自己肯定感を高めるには、承認欲求が満たされればいいと思っていませんか？

自己肯定感を高めるには、ポジティブシンキングにならなければいけないと思っていないでしょうか？


じつはこれ全部、勘違いです。

自己肯定感に性格は関係ないし、自己評価や自信とは違います。承認欲求が満たされれば高まるものでもなければ、ポジティブシンキングを押しつけるものでもありません。

いかがでしょうか？

「自分の中の自己肯定感のイメージとちょっと違うかも……」と感じた人がたくさんいるのではないでしょうか。

では、自己肯定感とはいったい何なのか。私の考えをお話しします。

自己肯定感とは「こころの免疫力」である

私たち人間は、社会的な動物です。そして社会の中で生きている限り、こころが傷つくことは必ずある。かすり傷くらいの小さなものもあれば、緊急手術の必要な重傷を負《お》うことだってあるでしょう。**もちろん、傷つくことは一度や二度ではありません。**

私たちは、生涯そうした傷に対処していかなければならないわけですが、その方法は2つに分かれます。

一つは、外部からの攻撃を防御することです。

立派な鎧を身につけた戦国武将をイメージしてください。鎧を着ていれば、矢に襲われてもからだに傷がつくことは防げます。いわゆる「鋼メンタル」の人が、このタイプ。プライドが高い人もそうかもしれません。

しかし、相手が切れ味の鋭い日本刀を手にしていたらどうでしょうか。鎧の隙間から、からだを貫かれるかもしれません。ましてや弾丸だったら。貫通を防ぐことはできません。

鎧はたしかに役に立つけれども、万能ではない。これは覚えておくべきでしょう。

そしてもう一つの対処法は、傷を受けた後に早く回復することです。刺さった矢をパッと抜くと、その場でみるみる傷がふさがっていく。そんなからだがあれば、傷つくのもたいした問題ではなくなります。矢も刀も、弾丸だって、怖がる必要はない。

このようなタイプが「自己肯定感が高い人」でしょう。

こう考えてみると、最強の鎧を探し求めるよりも、自分自身の回復力を向上させるほうが、ずっと強くなれるような気がします。

とはいえ、「そんなゲームみたいな回復力、現実的じゃないでしょ」。そう思われたかもしれません。

でも、本当にそうでしょうか？

子どもの頃、転んでヒザを擦りむいてしまったときを思い出してください。1週間もたてば、傷はかさぶたになり、自然と綺麗になっていきませんでしたか？　当時の傷は、いま跡形もなく消えていませんか？

あるいは風邪を引いてしまったとき。病院にはかからなかったけど、ゆっくり療養していたら、自然と体調が回復していった、という経験はないでしょうか？

これは、人間のからだにある**「免疫力」**による作用です。血液やリンパ液に流されるさまざまな免疫細胞が、細菌やウイルスと戦ってくれて、からだを元気な状態に戻してくれる。

人間のからだには、傷が自然治癒《しぜんちゆ》する仕組みがあるのです。

そう。まさにあの、非現実的に思われた、矢を抜いたら傷がふさがる「ゲームみたいな回復力」に似ています。しかも、免疫力は特別なものではありません。誰にでも備わっている力であり、毎日の習慣によって強められる力なのです。

これは、〝こころ〟についても同じことが言えます。

つまり、人のこころにも「免疫力」があって、こころが傷を負っても、自然治癒させることができる。誰にでもその力が備わっています。

この「こころの免疫力」こそが、「自己肯定感」の本質なのです。


こころについたかすり傷を、かさぶたに変えてくれる力。

こころが風邪を引いたときに、ウイルスを追い出してくれる力。

こころに入ってくるさまざまなバイ菌と戦って、元気を保とうとしてくれる力。

――それが「自己肯定感」なんです。

こころは「言葉」でできている

では、こころの免疫力を上げるためには、どうすればいいのでしょうか？

からだの免疫力のことから考えてみましょう。

からだにとって、何より大切なのは「食事」です。

人間のからだは、食べたものでつくられているといっても過言ではありません。アメリカには「You are what you eat.（あなたはあなたが食べたものでできている）」というフレーズがありますが、日本でも病気の治療などの場面でよく言われていることだと思います。

毎日の食事に含まれるタンパク質や糖質、脂質、ビタミン、ミネラルといったさまざまな栄養素によって、私たちのからだはつくられている。

免疫力を上げるうえでも、栄養豊富な食事をバランスよくとることは大前提です。

では、こころはどうでしょうか？


こころは何でつくられているのか。


人のこころは、食べた「言葉」によってつくられているのです。

「言葉」です。


たとえば、子どもの頃に両親がよく言い聞かせてくれた言葉。

たとえば、担任の先生が卒業式で言ってくれた言葉。

たとえば、学生時代からくり返し読んだ本に書いてあった言葉。

たとえば、あなたが緊張したときにこころの中で唱えている「大丈夫」。

たとえば、あなたが毎朝家族に言う「いってきます」。

口にした言葉、耳にした言葉、目にした言葉。こころに浮かんだ言葉、頭の中に響く言葉。そうした言葉のすべてが栄養素となり、私たちは自分なりの感情や考え方、価値観を形成していく――つまり〝こころ〟が形づくられていくのです。

からだの免疫力を高めるためには、毎日の食事を改善するのが大切。言い換えれば、日頃の食習慣がカギを握っている。

同様に、こころの免疫力を高めるためには、毎日の食事、つまり「言葉の食習慣」をよりよいものへと変えていくことが重要になります。

毎日なにげなく食べている「言葉」を改善すれば、必ずあなたの自己肯定感は回復していきます。

口ぐせを変えるだけで最高の人生が始まる

では、「言葉の食習慣」とは何か。

それが本書のメインテーマ、**「口ぐせ」**です。くせのようについつい声に出してしまう言葉。たとえば「たしかに」「なんか」「すみません」「ヤバい」「かわいい」「ウケる」……。誰にも、口ぐせがあるものです。

「こころの免疫力」を手に入れるためには、そうした口ぐせをよりよいものへと改善していけばいいのです。毎日無意識に口をついているワードを変えてみる。

たったそれだけ？　と思われたかもしれません。でも、それだけでいいんです。

口ぐせを変えるだけで、必ず、こころの免疫力は上がっていきます。つまり、本当の自己肯定感が手に入る。それほどまでに口ぐせの持つ力は大きいのです。

こころの免疫力を高めれば、傷からの回復が早くなります。ということは、何があっても落ち込まず、自分らしくいられて、どこに行っても自由に、楽しく生きられるようになる。

こころの免疫力が高まれば、そんな人生を生きていくことができるのです。

本書には、「口ぐせを変える」という簡単な手法によって、本物の自己肯定感を手に入れ、最高の人生を送るための方法が書かれています。

第1章では、自己肯定感への根本的な誤解を解き、口ぐせが持つ力をお伝えします。

続く第2章では、具体的に口ぐせをどのように変えればいいかを紹介。

第3章では、自己肯定感の土台となる「安心感」について、時代の変化を交えて解説します。

第4章では、改めて自己肯定感とは何かを明らかにします。

第5章では、自己肯定感によって他者との関係性が変化するところにまで話を発展させていきます。

これまで誤解した自己肯定感に悩んできた人も、大丈夫。
自分にはどうせ手に入らないんだと諦めていた人も、大丈夫。
これまでたくさんの本を読み、インターネット上のアドバイスを実践したけど、効果がなかったという人も、大丈夫。

私は、これまで哲学、心理学、カウンセリング、コーチング、自己啓発、瞑想《めいそう》、アロマセラピー、心理療法など、さまざまな角度から自己肯定感の正体に迫り、その高め方を研究・実践してきた第一人者であると自負しています。

口ぐせを変えれば、こころの免疫力はぐんぐん高まっていきます。
本当の自己肯定感が手に入り、最高の毎日がスタートします。

さあ、一緒に本物の自己肯定感を高めていきましょう。

目次

第2章 言葉の食習慣を変える

第4章 自己肯定感のメカニズム

第5章

こころの免疫力は波及する

イラスト：HER

「口ぐせ」で人生は決まる

こころの免疫力を上げる言葉の習慣

第1章

こころの免疫力を取り戻そう

この章でわかること

○自己肯定感に生まれも育ちも関係ない
○自己肯定感は何歳からでも高められる
○あなたはかつて自己肯定感のチャンピオンだった
○こころは「言葉」を食べて生きている
○言葉の食習慣（口ぐせ）を変えれば、自己肯定感も回復していく

自己肯定感にまつわる3つの誤解

この数年、至るところで「自己肯定感」という言葉を耳にするようになりました。

日常会話の中でも、SNSの投稿でも、あるいは書店さんをのぞいてみても、自己肯定感という言葉を目にしない日がないほど。

心理カウンセラーの私にとっても、自己肯定感はライフワークとも言えるテーマの一つです。この言葉が、これだけ多くの人に知られ、受け入れられていることを、たいへん嬉しく思っています。

ただし、一つだけ気がかりな点があります。

それは「みんな、自己肯定感という言葉を誤解しているのではないか」ということ。

自己肯定感という概念の存在は、知れ渡っている。

自己肯定感と幸せの相関関係も、ずいぶん理解されている。

でも、どうでしょう。みなさん自己肯定感という言葉を、どこか「言い訳の材料」のように使っていませんか？

「私は自己肯定感が低いから」

「あの人は自己肯定感が高いから」

「子ども時代に褒められなかったから、自己肯定感が低いんです」

私がいつも感じる自己肯定感への誤解は、次の3つです。

❶ 自己肯定感を「生まれや育ちで決まるもの」と思っている

❷ 自己肯定感を「一生動かせないもの」と思っている

❸ 自己肯定感を「自分にはないもの」と思っている

これらはすべて、誤解です。

自己肯定感は、生まれや育ちで確定してしまうものではありません。

自己肯定感は、大人になってからも増やし、高めることができます。

そして自己肯定感は、誰もが持っているものです。たしかに目減りしてしまっている人はいますが、自己肯定感のタンクは全員が持っているし、いつでも補充することができます。

それでは、どうすれば自己肯定感を高めることができるのか？

私はここで、「口ぐせ」を変えるという習慣を提案したいと思います。

口ぐせを変えれば、自己肯定感が変わる。

口ぐせを変えれば、人生が変わる。

「たったそれだけで？」と思われるかもしれませんが、これは事実です。

導入となる本章では、先にあげた「自己肯定感にまつわる誤解」を解きつつ、なぜ「口ぐせ」が大切なのかを説明していくことにしましょう。

あなたはかつて自己肯定感のチャンピオンだった

まず最初に、みなさんに一つ質問したいと思います。

「この世界で、自己肯定感がいちばん高い人って、誰でしょうか？」

世界を股にかけて活躍する、超一流スポーツ選手？

外資系コンサルティングファームでバリバリと働くビジネスパーソン？

SNSで毎日のようにキラキラした写真を投稿する、美しいインフルエンサー？

やりたい事業を自ら立ち上げて、忙しく働く新進気鋭《しんしんきえい》の起業家？

たしかに、これらの人たちは自己肯定感が高いのかもしれません。

ですが、「いちばん高い人」かというと不正解です。

なぜなら、自己肯定感がもっとも高いのは〝赤ちゃん〟だから。そう、すべての赤ちゃんは、自己肯定感のチャンピオンなのです。

いったいどういうことでしょうか？

赤ちゃんが二足歩行を習得していくプロセスから考えてみましょう。

人間は脳（頭蓋骨）と産道の大きさの関係から、とても未熟な状態で生まれます。そのため生まれてからしばらくの間は、寝返りを打つこともできません。

そして、「ハイハイ」で移動するようになるのが、生後半年から8ヶ月前後。そこからある日、何かにつかまり、立ち上がります。そして一歩、足を踏み出してみる。もちろん、すぐにうまく歩けるはずはありません。ぐしゃっと潰れるように転んで、大きな声で泣き出してしまう。個人差が大きいですが、赤ちゃんが歩けるようになるには、およそ1年、あるいはそれ以上の時間がかかります。つまり、立ち上がれるようになってから、歩けるようになるまでその期間ずっと、毎日転んでしまうわけです。

毎日失敗する。

毎日痛い思いをする。

これは大人なら、すぐに投げ出すような状況でしょう。たとえどんなにやりたいことだったとしても、1年間も毎日失敗が続けば、誰もがくじけて、挑戦をやめてしまうと思います。

しかし、赤ちゃんはやめません。どれだけ転んでも、何度泣いても、また足を踏み出す練習を重ねる。**赤ちゃんは、「自分には歩くことができる」と知っているのです。**

ほかにも、赤ちゃんはいろんなことに興味を持って、まわりのものに手を伸ばし、何でも口に運んだりします。

そもそも、赤ちゃんにとって、周囲は知らないものばかりの未知の世界。きっと、大人になったみなさんが未知の世界に放り込まれたら、恐怖心を抱くはずです。動けなくなってしまう人もいるでしょう。

だけど赤ちゃんはまったく恐れを知らない。たとえ何度痛い思いをしても、どれだけ叱られても、未知のものに手を伸ばすことをやめません。いちばん敏感な口の中に運んで、それを「知ろう」とします。これらの行動はまさに、自己肯定感の効力です。

失敗して、傷ついても、すぐに回復できるこころがある。

失敗に絶望することなく、未知にも怯《ひる》まず、何度だってチャレンジできる。

赤ちゃんは、そんな自己肯定感に裏打ちされたチャレンジによって、自分にできることを少しずつ増やしていくのです。

いかがでしょうか？　こう考えると、赤ちゃんほど自己肯定感の高い存在はいない、と思えませんか？　毎日がキラキラして見える人も、お金や名声を手にした成功者も、失敗を恐れることはあるはずです。傷つくことも、挑戦心がくじかれることもあるはず。

でも、赤ちゃんは、何があっても変わらない。変わらず一歩踏み出してみるし、未知のものに手を伸ばします。それは赤ちゃんが、人間にとって最大量ともいえる、圧倒的な自己肯定感を持っているからにほかなりません。

重ねて強調したいのは、これは、どんな赤ちゃんにも備わった特徴だということです。

たとえば、いまは引っ込み思案で、ネガティブ思考の人だって、生まれたばかりの頃は自己肯定感の世界チャンピオンだったのです。何度もチャレンジを積み重ねて、歩けるようになったのだし、好奇心旺盛で手当たり次第にものを口に運び、ご両親を困らせていたことでしょう。

ここから言えることは何か。

自己肯定感とは、「取り戻す」ものだということです。

手に入れるものでも、つくり出すものでもない。もともと最高レベルで持っていたものなのだから、ただそれを「取り戻す」だけでいいんです。

では、どうしたら、赤ちゃんのときに持っていた、最大量の自己肯定感を取り戻すことができるのでしょうか？

この本を通して、その方法をお伝えしていきたいと思います。

自己肯定感はいつからでも取り戻せる

自己肯定感における最大の勘違いが、「自己肯定感は特別な人だけに授けられた才能だ」というものでした。

そしてもう一つ、自己肯定感にまつわる大きな勘違いがあります。それは、**「自己肯定感は幼少期の環境によって決定づけられる」**というもの。

実際、私がセミナーなどで「みんな赤ちゃんのときは平等に、最大量の自己肯定感を持っていたんですよ」とお話ししても、まだまだ表情が晴れない人がたくさんいます。

そういう方々が口にされるのは、こんな話です。

「私は子どもの頃、否定的な言葉ばかり使う、厳しい両親のもとで育てられました。だから、自己肯定感が低くなってしまった。もう手遅れなんです」

こんなふうに自己肯定感は幼少期で決まってしまうもの、だからもう一生自分は手に入れられないんだ、と諦めたように語る人がとても多いんですね。

たしかに、そう言いたくなる気持ちも、よくわかります。

私も、幼少期に里親が夜逃げした経験がトラウマになって、ずっと人を信じることができませんでした。35歳のときまで10年間、自宅に引きこもっていた経験もある。幼少期の出来事に、大きな影響を受けてきた実感があります。

また、心理学の世界には「代理強化《だいりきょうか》」と呼ばれる概念があります。代理強化とは、ほかの人の行動やその結末を観察することで「自分もそうしよう」と学習すること。そして代理強化は、関係が密接な親子の間でより強く働きます。

つまり、子どもは自然と「親がやっていることを真似しよう」とするのです。

フロイト的なトラウマの議論から言っても、あるいは代理強化の側面から考えても、幼少期の環境や経験が、その人の人格形成に多大な影響を及ぼすことは、間違いないでしょう。

ですが、それでも私は「自己肯定感は幼少期で決まってしまう」という意見には明確に反対します。もう遅い、なんてことはない。自己肯定感は誰でも、いつからでも取り戻すことができるのです。

『夜と霧《きり》』にみる人間のこころ

『夜と霧』という作品をご存じでしょうか？

第二次世界大戦中、ナチスに迫害を受けたユダヤ人精神科医、ヴィクトール・E・フランクルの書いた不朽《ふきゅう》の名作です。

フランクルは、37歳のときから約3年の間、ユダヤ人の強制収容所に収容されました。その強制収容所での日々を描いたのが『夜と霧』です。

強制収容所は、いまの私たちが想像もできないくらい、悲惨《ひさん》な環境でした。人間の尊厳《そんげん》を踏みにじり、命をないがしろにする行為の数々が毎日、何年にもわたって続けられていました。

ある人は、一度に何百人も殺せるガス室に入れられ、ある人は過重労働で、飢餓で、拷《ごう》問《もん》で、人体実験で、伝染病で、次々に命を落としていきました。すべての強制収容所を合わせると、実に800万人以上の命が奪われたといわれています。

そんな地獄のような日々の中で、「もうダメだ、死のう」と自死を選ぶ人も、あとを絶ちませんでした。

しかし、そんな環境の中でも生きながらえた人がいました。

フランクル自身もその一人です。彼らは未来に希望を持ち、それを見失うことがなかったから、生き続けられたのです。

フランクルでいえば、それは「使命感」でした。彼は、もし収容所を出られたら、自分の著作を刊行したいと思っていました。「自分の本は苦しみと戦っている人びとから待たれている」という強い使命感があった。だから、生きることへの希望を見失わずにいられたのです。

ほかにも『夜と霧』には、絶望の中でも、前向きに、懸命に生きた人たちのことが描かれています。

たとえば、自分が餓死しそうなほどの極限状態にもかかわらず、なけなしのパンを他人に分けて、思いやりのある言葉をかけ続けた人がいたり、収容所から収容所へ運ばれていく列車の中で見た夕陽に感動し、生きる喜びを感じた人がいたり。こうした克明な体験記から読みとれるのは、**どんなに悲惨な状況下にあっても、自分のこころの持ち様や、世界への視線の向け方で、生への想いは変わっていくということです。**

これは、現代を生きる私たちにも言えることでしょう。

たとえ悲惨な家庭環境で育ったとしても、こころの持ち様で、人生は大きく変わっていきます。幼少期の家庭環境一つによって、一生の自己肯定感が決まってしまうなんてことはありません。強制収容所に入れられ、凄惨《せいさん》な日々をすごしてもなお、生きることに希望を見出し、懸命に人生を歩んだ人たちがいたように。

くり返します。自己肯定感は誰でも、いつからでも取り戻すことができます。これだけは忘れないでください。

人間の脳は何歳からでも変化する

あなたはかつて、自己肯定感の世界チャンピオンでした。

そして、その自己肯定感は、いつからでも取り戻すことができます。どんな環境に生まれ育った人でも、取り戻すことができるのです。

これについて、脳科学の側面から考えてみたいと思います。

人間の脳は、1000億個を超えるともいわれる膨大な数の神経細胞が、ネットワークを構築することによってできています。そして、原則として脳の神経細胞は、一度失われると、二度と再生することがありません。そのため、ある時代までは、脳のピークは20歳前後で、そこからは衰えていく一方だと考えられていました。

しかし、脳科学の研究が進むにつれ、驚くべき事実がわかってきました。

たしかに、**失われた神経細胞自体は再生しないのですが、習慣やトレーニングによって**

残された神経細胞の「並び替え」が起こり、新しいネットワークが構築されていくことが解明されたのです。これを脳科学の世界では、**「神経可塑性《しんけいかそせい》」**といいます。

たとえば脳梗塞や脳出血などによって脳の一部に損傷を受けた患者さんが、リハビリを通じて機能を取り戻していく。これはまさに神経可塑性のなせるわざです。

さらにまた、二度と増えることがないとされていた神経細胞の一部に、大人になってからも増える箇所があることがわかりました。

それが、人間の記憶を司る「海馬《かいば》」という箇所の神経細胞。さまざまな生活習慣や食習慣の改善によって、海馬の神経細胞は再生していくことが解明されています。

よく「子どものうちは柔軟な発想ができるし、自分を変えることもできる。でも、大人になったら頭が固くなるし、変わることができない」といった声を耳にします。

これは脳科学的に言ったら、大きな間違いです。

脳の神経細胞はいつでも新しいつながり（ネットワーク）を求め、新しい自分を求めて、変化を続けているのです。

もしも脳にストップをかけている要因があるとすれば、あなたのこころだけでしょう。

では、あなたの何が脳にストップをかけ、自己肯定感を低いままに抑えているのでしょうか？

私が第一に指摘したいのは、「口ぐせ」です。

こころは「言葉」を食べて生きている

なぜ、「口ぐせ」に着目するのか？

自己肯定感とは、こころのありように関わる問題です。

もっとわかりやすく、こころの健康に関わる問題だと言っても構いません。「はじめに」でもお話ししたように、自己肯定感が高い状態は「こころの免疫力が高い」のと同じなのです。

このように、こころをある種の「生きもの」のように考えた場合、一つ疑問が浮かんできます。

それは、「こころは何を食べて生きているのか？」という疑問です。

生きものであるのなら、こころにも休息が必要ですし、食事が必要です。このうち休息についてはわかりやすいのですが、胃も腸も持たないこころが何を食べているのか考えるのは、やや難しいかもしれません。

しかし、私は断言します。

人間のこころは、「言葉」を食べて生きていると。だからこそ「口ぐせ」を変えることが、こころの食習慣を変えることにつながるのだと。

いったいどういうことなのか、詳しく見ていきましょう。

「言葉」によって発展してきた人類

人間は、この地球上でただ一つの知的生命体です。

知的生命体には3つの特徴があります。

1つめは「言葉」を持っていることです。人類の中には、文字を持たない少数民族がたくさんいます。「文字化されている言語は、世界におそらく数%しかない」といわれるほど、文字を持たない人びとは多い。

しかし、「言葉」自体を持たない民族は一つもありません。アマゾンの奥地、一つの村落だけで存在するコミュニティにも現地の言葉があり、彼らの母語がある。

人類は、どんな少数民族だって全員が言葉を発し、言葉を使って生きているのです。

2つめの特徴は「時間の概念」を持つことです。

私たちは過去・現在・未来や、年・月・時間・秒などを区別して考えています。

時間の概念を手にしたおかげで、物事の順序を認識することができます。因果関係を見出したり、将来について考えたりすることができます。

一方で、動物たちには「現在」しかありません。過去をふり返ってクヨクヨしたり、将来を考えて行動することがない。一部の動物たちが冬に備えてたくさんの食事をとったりするのは本能で、考えた結果の行動とは違います。

この過去、現在、未来、という時間の概念があってこそ、人間の文化や文明は進歩してきたと言えるでしょう。

そして3つめは「発想力」を持つことです。

たとえば、目の前にコップに入った水が置かれたとする。きっと犬や猫など、ほかの動物ならば、その水を飲んだりこぼしたりすると思います。

一方人間ならば、「ここにカルピスを混ぜてみるのはどうだろう?」とまったく新しい視点を持つことができる。それが発想力であり、人間ならではの特徴です。

発想力によって、人にはオリジナリティが生まれます。新しいイノベーションが生まれます。そうした力が、人類を発展に導いてきたことは言うまでもありません。

そしてここで重要なのは、時間の概念も発想力も、1つめの「言葉」があって、はじめて生まれた力だということです。

言葉がなければ、「過去・現在・未来」という時間の流れを理解することはできないし、言葉がなければ、アイデアを思考することも伝達することも具現化することもできません。

言葉は人間にとって、何よりも重要なものだということです。旧約聖書の創世記でも、神さまの「光あれ」という言葉から始まります。光よりも先に、言葉があるのです。**すべては言葉から始まっている。**そう言っても決して言いすぎではないでしょう。

言葉によって「個人」が生まれる

これは、私たちの一人ひとりの人生をふり返ってみてもそうです。

私たちはみんな、生まれたその瞬間から、「言葉」を介して世界に触れています。両親の話す言葉、テレビから聞こえてくる言葉、街にあふれる言葉……。それらを見聞きして覚え、思考や感情を他者へ伝える手段を得ます。言葉を使って考えて、自分の感情を認識します。そうやって、一人の人間へと成長していく。

言い換えれば、「言葉」の存在なくして、あなたは、いまのあなたにはなり得ませんでした。だから、私たちのこころを形づくっているのは「言葉」だと言えるのです。

こんなふうに考えてみましょう。

一卵性双生児として生まれた双子の姉妹がいたとします。DNAレベルでは同じ遺伝子情報を持つ二人。育った環境も、食べてきた食事も、ほとんど同じでしょう。

しかし、大人になればなるほど、二人の性格には違いが出てきます。

いったいなぜか？

――食べてきた「言葉」が違うからです。

周囲から言われた言葉、自分が口にした言葉、読んできた言葉などの違いが、二人を別の個人に育てていきます。つまり、遺伝子よりも、環境よりも、言葉が私たちのこころをつくっているのです。

さて、これまであなたは、どんな言葉を食べてきましたか？

いまのあなたは、どんな言葉を食べていますか？

言葉の食習慣、変えてみたいと思いませんか？

避けられない言葉の過剰摂取

言葉の食習慣について、一つおもしろいデータをご紹介しましょう。

アリゾナ大学とテキサス大学の合同研究チームが行った研究です。

アメリカとメキシコの大学生約400人に、周囲の音をサンプリングするボイスレコーダーを装着して、数日間すごしてもらいました。その録音データから、人が1日でどれくらいの単語を発しているのかを調査したのです。

結果は、男女ともに平均で約16000語。これはひと月で約50万語、1年間で約600万語に相当する数です。

もちろん英語と日本語では単語数が違いますし、おしゃべりな人も寡黙《かもく》な人もいますから、個人差はあるでしょう。しかし、私たちが日頃から非常に多くの言葉を話していることには違いありません。

さらに、こんなデータもあります。

私たちは、声に出さなくても頭の中で、常にいろんな言葉を思い浮かべています。

たとえば、「カギ閉めたっけ?」とか「夕飯は何を食べようかな」「早く青信号にならないかな」とか。誰かと話しているときにも、「いまの言い方マズかったかな?」「そういえばあれ忘れてた!」など、声とは別のワードがいくつも頭の中を駆けめぐるものです。

そうした私たちの「内面におけるひとり言」は、声に出して1分間に4000語を発するのに匹敵する速度で飛び交っている、というのです。

これがどれくらいのスピードかと言うと、アメリカ大統領の40分の演説を1分間でギュッと詰め込むほどの速度です（アメリカ大統領の一般教書演説は通常1時間で6000語のペースで話されています）。

このように、私たちの頭の中には、とてつもなくせわしないスピードで、言葉が浮かんでいるのです。

そして当然ながら、私たちの日常にあふれる言葉は、自分の声や内面のひとり言だけではありません。人に話しかけられた言葉はもちろん、隣のグループの言葉（会話）も聞いているし、SNSや本で見えている言葉（文字）もある。テレビやネット動画、駅のアナウンスなどから聞こえてくる言葉もあります。

私たちは周囲の言葉に対して無防備で、いつも手当たり次第に、それらすべてを食べているのです。

そう考えると、実際に日常生活で食べている言葉の量は、自分が口にする1日16000語の数十倍から数百倍に上るでしょう。

もちろん、自分では「そんな数、頭に入ってないよ」と感じます。当然です。これは大半が無意識的なものだし、脳もすべての言葉を記憶しているわけではありませんから。

それでも、そうした言葉の一つひとつが、私たちのこころを形づくる一端を担っていることには違いありません。

だからこそ、意識できる範囲では、どんな言葉を食べるのか、どんな言葉を食べないようにするのかをしっかり選んでいくことが大切なのです。

自分でコントロールできるのは、自分自身が口にする言葉しかありません。だから、自分の「口ぐせ」を意識していくことが重要になるのです。

大切なのは「事実」よりも「解釈」である

かの有名なドイツの哲学者、ニーチェはこんな言葉を残しています。

「事実など存在しない。存在するのは解釈だけである。」

ほとんどの人は、いろんな物事を「事実」として、絶対に変わらないもの、変えられないものだと認識しています。たとえば、社会的な出来事、過去に言われた言葉、自分の感情。そうしたものを「事実」と捉え、すでに決まりきった唯一の真実だと考えている。

しかし、すべては単なる「解釈」に過ぎないのだ、とニーチェは伝えているわけです。

この世界に「事実」などなく、自分の目を通した「解釈」があるだけだ、と。

たとえば、あなたの目の前にリンゴがあったとします。

あなたは「赤いリンゴだ」と感じるでしょう。

しかし、あなたが感じている「赤」と、他の人が感じる「赤」は同じものと言えるでしょうか?

これは哲学の世界で「主観と客観の一致」と呼ばれる大問題で、いまだここに明確な答えを出せた哲学者はいません。

私たちはみな、主観的な「解釈」の世界に生きている。**つまり、あなたがどう解釈するかによって、あなたの目の前に広がる世界は変化していくものなのです。**

言葉で「解釈」は変えられる

私は、こうして本の原稿などを書くので、頻繁に「締切」というものがやってきます。締切は、編集者やクライアントさんなどから言い渡された仕事の納期であり、遅れてはいけないもの。一般的には、命令や契約の一種だと考えられています。

厳しい締切を要求されたときには、「そんなのムリです！」「締切がキツい！」と反発したくなることもありました。締切に遅れたときには、「間に合わなかった、申し訳ない」「自分はダメなやつだ……」と、自責の念に襲われます。

あるとき、この話を同業の友人に話すと、「自分はそうやってつらい思いをするのが嫌だから、『締切』を『約束』だと考えるようにしているよ」と言われました。「そうしたら、不思議と気がラクになるから」とアドバイスをくれたのです。

それ以来、彼の言う通り、私も「約束」だと考えるようにしました。

すると、どうでしょう。

「約束をした〝主体〟は自分なんだ」という認識が強くなり、反発する気持ちがなくなりました。「約束を守ろう」と素直に思えるようになった。

そして、「約束なんだから、もしオーバーしそうなら、また交わし直せばいいじゃないか」と考えられるようになったのです。

いまは、どうしても約束を守れなさそうなときには数日前に連絡をして、「あと3日延ばしてもらえませんか？」と約束の交わし直しを提案しています。

「締切」ではなく「約束」だと考える。

そうすることで、自分を責めることがなくなり、次の約束をしっかり守ろうと前向きな気持ちで原稿に向き合えるようになりました。

これがまさに「解釈」の力です。

仕事の期日を「締切」と解釈するか、「約束」と解釈するか。その解釈の違いで、仕事に対する向き合い方や自分に対するプレッシャーがガラリと変わったのです。

そして解釈は、自ら変えることができるものだと強く実感しました。

心理学の世界では、このように物事を違う枠組みで捉え直すことを、**「リフレーミング」**と呼びます。

有名なリフレーミングで言えば、「コップに水が半分入っているとして……」というものです。みなさんも聞いたことがあるかもしれません。コップに入った半分の水を、「もう半分しか残っていない」ととるか、「まだ半分もある」ととるか、という例題です。

これはまさに、受け手の「解釈」しだいで変わるものです。

「ただ言い方が変わっただけじゃないか」と思われたかもしれません。

そうです。それだけでいいんです。

「締切」から「約束」に。「半分しか」から「半分も」に。

言い方、つまり「言葉」を変えるだけでいいわけです。

解釈を変えるって、ものすごく簡単なことだと思いませんか？

私たちは言葉を当てはめることによって、物事へ解釈をつけています。だから、言葉を変えるだけで、解釈を変えることもできるのです。

たとえば、「失敗した」は「こういうことがわかった」や「これを学んだ」という解釈に変えられます。「苦手だなぁ」は「まだ経験が少ない」に変えられるし、「難しいな」は

「これならできる」という解釈に変えられます。「私の言葉で怒らせたかも……」も、「もしかしたらいまは疲れていたのかもしれない」に解釈を変えることができます。

人は、あらゆることを「事実」だと思い込んでいます。だから「もう変えられない」と悲観的に考えてしまったり、「どうせ変わらない」と諦めてしまったりするわけです。

でも、それらはすべてあなたの「解釈」でしかありません。あなたが使い慣れた「言葉」によって道を決めたストーリー、物語でしかないのです。

裏を返せば、あなたがつくったストーリーなのですから、いつでも内容を書き換えることができます。言葉を変えることによって、いつでも解釈を変えることが可能なのです。

もっと言えば、過去も、いま目の前に広がる世界も、これからの自分の人生をも、言葉によって変えることができるのです。

現実を超えるイメージの力

ここでもう一度、脳のおもしろい特性についてお話ししたいと思います。

輪切りにされたレモンが目の前にあると想像してください。

黄色があざやかな、みずみずしいレモンです。

あなたはそれを手にとり、ゆっくりと口へ運びます。

果汁の香りを感じて、果肉をひとかじり。

――こうやって想像すると、実際にはレモンを食べていないのに、どんどん唾液《だえき》が出てきます。

人間の脳は、イメージと現実をうまく識別することができません。おかげで、想像上の酸っぱいレモンに備えて、脳が実際に大量の唾液を分泌させたのです。

あるいは、あなたがカレー好きだとしましょう。

目の前に大好きなカレーが出されました。スパイスのよい香りがします。

でも、匂いは大好きなカレーなのに、なぜか見た目が真っ青。

――となると、あなたはきっとスプーンを手にとろうともしないのではないでしょうか？

茶色だったら「大好きなカレーだ、おいしそう！」と思うのに、青色になると「まずそう、食べられない」と嫌いになってしまう。ちょっと極端な例ですが、イメージ（見た目）が変わると、性質（ここでは好き嫌い）の認識まで変わってしまう、ということを示しています。

ここで私が言いたいことは一つです。

「イメージは現実を超える力を持つ」

それも圧倒的に強い力を持っているのです。

それを裏づけるような、ある研究結果をご紹介しましょう。

オーストラリアの心理学者、アラン・リチャードソンによるバスケットボール選手を対象にした実験です。

まず、選手たちのフリースローの能力が測定されました。その後、参加した選手たちはランダムに3つのグループに分けられ、それぞれのグループに次のような指示が出されます。

［グループA］1日20分間のフリースロー練習を行う
［グループB］フリースロー練習を行わない
［グループC］1日20分間フリースローのイメージトレーニングを行う
（手の動きやシュートを打つ角度まで、完璧なフリースローが決まった瞬間を鮮明にイメージするトレーニング）

そして20日後、再びフリースローの能力を測定したところ次の結果が出ました。

［グループA］フリースローの能力が24％上昇
［グループB］フリースローの能力に変化なし
［グループC］フリースローの能力が23％上昇

驚きの実験結果です。

実際にフリースロー練習を行ったグループAと、イメージトレーニングだけを行ったグループCがほぼ同じくらい能力が上昇するという結果になったのです。

グループCの選手たちは、くり返し、成功のシーンをイメージしただけ。それだけで、からだを動かして練習したのと同等の効果が見られた。

いかにイメージの力が強力なのかがわかるデータだと思います。

また、こんな話もあります。

小さい頃からサーカスの一員として、鎖につながれて育ったゾウは、成長して鎖を切ることができるだけの力を身につけてからも、鎖を切ろうとしないといいます。

なぜなら、小さい頃のイメージのまま、「鎖は切れないもの」「どうせ逃げられない」と思っているから。これは「学習性無気力」として知られる話です。

引きちぎる力があるという「現実」よりも、鎖は切れないという「イメージ」が勝ってしまっているということです。

「イメージは現実を超える力を持つ」

だからこそ、自分に対してどんな自己イメージを持つか、未来に対してどんなビジョンを描くかが、とても重要になってくるのです。

言葉がイメージを縁どる

そして、このイメージを強化させるのにも「言葉」の力が大きく関わっています。

たとえば、ただ「川をイメージしてください」と言われるよりも、「青く澄み切った水がゆっくりと流れる、幅100メートルほどの大河が目の前に広がっている様子を想像してください」と言われたほうが、頭の中に鮮明なイメージが描けると思いませんか？

先ほどのフリースローのイメージトレーニングもそう。ただ単に「フリースローを入れる」とイメージするよりも、「こんな会場で、このチームとの対戦中、こんな場面。まずボールを2回ついて、ヒザはこれくらい曲げて……」と毎回詳細に、鮮明な映像を思い描いたほうが、ずっと強い効果を発揮します。

たとえるなら、イメージとはふわっとしたパステル画。それだけでは何が描かれているのかわかりづらいし、他人と認識を共有することも難しい。

けれど、そこに「言葉」を与えることによって、輪郭線《りんかくせん》がはっきりと引かれていくのです。言葉によってイメージが鮮明になり、解像度が上がる。だから意識に強く刷り込まれ

るし、よりしっかりと記憶に残るようになります。

ですから、なにか目標を立てるとき、単に「山に登ろう」とぼんやりしたイメージを持つよりも、「来年の7月に富士山に登頂する！」と具体的に言語化して思い描くことを強くおすすめします。

なぜなら、具体的な言葉を与えることによって、そこに向かって現実が動き出すから。

具体的に決めておくことで、そのためにいま何をすべきか、それまでの間にどうすごしていくべきかが明確になる。無意識のうちに必要な情報を収集しはじめたり、自然と必要な行動をとるようになったりするのです。

「こうなりたい」という目標があるならば、イメージの力をうまく利用すべきです。目標は強くイメージする。それも「言葉」を使って、できるかぎり鮮明に。それが、現実を変えていくのです。

自己肯定感が肯定的視点への「変換力」

——大切なのは、事実よりも解釈。

——力を持つのは、現実よりもイメージ。

これまで、そんなお話をしてきましたね。じつは、この2つの話には共通点があるんです。

何だと思いますか？ **それは、「物事には否定的な側面も肯定的な側面もある」ということと、「どちらを見るかを選ぶのは自分自身」だということ。**

「水が半分しかない」という否定的な解釈もできるし、「水が半分もある」という肯定的な解釈もできる。「鎖は切れない」という否定的なイメージもできるし、「フリースローが入る」という肯定的なイメージもできる。どちらの解釈を選ぶか、どちらのイメージを思い描くかは、すべて自分しだいです。

さらに、「言葉によって変化する」というのも共通点です。解釈は言葉によって変えられるし、イメージは言葉によって強化される。つまり、言葉を味方につければ、肯定的に解釈し、肯定的なイメージを思い描き、肯定的側面を見ることを選べるのです。

肯定の目が、成功への前提条件

みなさんは、陸上競技の伝説的選手、カール・ルイスをご存じですか？

1984年、ロサンゼルスオリンピックの決勝で、彼は100メートル走で9秒99という当時の大記録をマークしました。100mで10秒を切る選手は、当時、歴代で数人しかおらず、至難の業でした。

しかし、じつは彼が「10秒の壁」を越えた後、数年の間に9秒台で走る選手が続出したのです。

なぜでしょうか？

たった数年で、人間の身体能力が飛躍的に伸びたわけでもないはずです。

その理由は、一人が達成したことによって、まわりの人たちも「9秒台で走れるんだ」「自分もできるはずだ」と肯定的側面を見られるようになったから。その意識が働いて、他の人たちにとっても9秒台で走ることが当たり前になっていったんですね。

こうした現象は「同期現象」と呼ばれます。

裏返せば、プラスの結果（9秒台）を出すには、肯定的側面を見ることが前提条件だということです。

「9秒台は誰にもムリだ」と否定的側面を見ていたら、成功はありえません。

肯定的側面（自分にもできるはず）を見る力がなければ、いつまでたっても壁を越えられないのです。

つまり、少し大げさに言うならば、肯定的側面を見ることは「幸せの道を選ぶこと」と同義です。肯定的側面を見る力が、人生を決める。そう言っても過言ではありません。

視点をスイッチできるのは、自己肯定感があるから

そして、この肯定的側面を見る力は、自己肯定感の有無にかかっています。

自己肯定感が低いときは、否定的な側面しか見えません。「どうせ9秒台なんてムリだ」とネガティブな解釈しかできない。失敗のイメージしか描けないから、傷つくことが怖くてチャレンジできない。

反対に自己肯定感が高ければ、物事を肯定的に捉えられます。ポジティブに「自分にな

ら壁を越えられるかもしれない！」と解釈できるし、成功のイメージを思い描いて、どんどん挑戦してみたくなる。なかなか結果が出なくとも、すぐに気を取り直し、何度でもチャレンジできます。

物事の否定的側面ではなく、肯定的側面をピックアップする。そのように、目線をスイッチする源となるのが「自己肯定感」なのです。**自己肯定感がなければ、視点を切り替えることなどできません。**

自己肯定感は、肯定的側面を見るための「変換力」とも言えるのです。

潜在《せんざい》意識《いしき》は「誰が」を区別しない

この章の最後に、私たちの中に潜む**「潜在意識」**についてお話ししておきたいと思います。

潜在意識の研究は、オーストリアの心理学者、ジークムント・フロイトが「無意識」の存在を提唱したことに端を発します。

そして無意識は、フロイトの弟子、カール・グスタフ・ユングによって、より深い研究が行われ、現在「潜在意識」として知られるものへとつながっていきました。

ユングは〝意識〟について、次のような言葉を残しています。

「顕在《けんざい》意識は海の上に顔を出している、ほんの一部分に過ぎない」

顕在意識とは、私たちが普段から「意識」とみなしている部分のこと。

潜在意識とは、反対に表に出ない部分。意識の下に眠っている、無意識の部分だと想像してください。

ただし、眠っているとはいっても、みなさんも潜在意識のパワーを感じたことはあるはずです。たとえば「やらなきゃいけないってわかっているのに動けない」とか、「緊張していないのに勝手に手が震えちゃう」とか。これはまさに潜在意識の働きによって起こる現象です。

顕在意識と潜在意識の割合は、諸説ありますが、だいたい顕在意識が4％、潜在意識が96％だといわれています。**つまり、私たちが日頃意識できているのは、たったの4％しかない。**潜在意識がいかに大きな存在か、おわかりいただけるのではないでしょうか。

そして、この潜在意識には、とても重要な特徴があります。

それは**「人称を理解しない」**ということ。

人称とは、動作の主体が話し手・聞き手・第三者のいずれであるかの区別のことをいいます。それぞれ一人称、二人称、三人称と呼ばれますね。

つまり「人称を理解しない」とは、主語が誰であっても、潜在意識は同じ意味の言葉として受け入れる、ということになります。

たとえば、あなたが誰かから「お前はバカだ」と言われたとします。

きっと、あなたは傷つきます。

「自分はバカなんだ」と認識して、自信を失っていくきっかけになるかもしれません。

こんどは、誰かに向かってあなたが「バカじゃないの」と言ったとします。

すると、これも潜在意識にとっては、自分が「バカだ」と言われたときと同じだけの効果を発揮します。あなたの潜在意識は自分の言葉で傷つき、自信を失っていくことになるのです。

潜在意識にとっては、言われた「バカ」も、言った「バカ」も同じ言葉。言わば同じ量で、同じ具のおにぎりなわけです。そこに個体差はなく、どれを食べても栄養素は同じだということです。

そして、「人称のすべてを理解しない」ということは、自分が言われた言葉でも、言った言葉でもなく、ただ耳に入ってくる言葉でも同じことです。

まわりが暴言ばかりを吐いている環境で育ったならば、自信が持てない子になったり、自分やまわりの人を信用できない人間になったりするかもしれません。反対に、明るく丁寧な言葉を使う人ばかりの環境ですごしたら、自信のある前向きな子に育つでしょう。

――もう気づいた人もいるでしょう。

この潜在意識の特性を利用すれば、逆に、自分で自分へのプラスの影響を生み出すことも簡単にできます。そう、あなた自身が「自分を幸せへと導くコーチ」になれるのです。

たとえば、「あなたは笑顔が素敵ですね」と誰かを褒めたり、あるいは、「君はとっても気配り上手だし、話もおもしろい」と伝えたりすると、その言葉は、潜在意識にとっては主語が消えて聞こえます。自分に向かって「笑顔が素敵」「気配り上手で、話もおもしろい」と言っているのと同じ意味になるわけです。

潜在意識は、まるで自分が褒められているかのように認識します。

人は、褒められると嬉しくなります。

それによって、自分の存在を認められたり、自分の価値に気づくきっかけになったりします。

これは、まさに自己肯定感の向上につながる感情です。

そうした自己肯定感が高まる言葉を口ぐせにしていければ、自然と、自己肯定感の高いこころがつくられていきます。

言葉がこころをつくる。

自分の言葉、「口ぐせ」を変えれば、簡単に「本当の自己肯定感」を取り戻すことができるのです。

第2章

言葉の食習慣を変える

この章でわかること

○「口ぐせ」には言葉だけでなく、口調やトーン、表情なども含まれる

○変化の第一歩は、自己認識！

○「否定語」「接続詞の多用」「気弱な話し方」「攻撃的な言いまわし」は、自己肯定感が下がっているサイン

○「肯定語」「かもしれない」「アファメーション」「大きな声と笑顔」で、自己肯定感は上がる

○「ありがとう」は自己肯定感を上げる最強のサプリメント

口ぐせを変えるとは「言い換え」ではない

日本は、世界の中でも有数の長寿国として知られています。平均寿命は84・3歳で世界第1位。さらに、日本には現在、100歳以上の人（センテナリアン）が9万人以上いると推計されています。

そうした長寿を支えている理由の一つに、日本独特の食習慣である「和食」があります。和食は、お米と魚が中心で、カロリーや脂肪の少ない食事です。

一方で、欧米はパンとお肉が中心の食文化です。脂肪が多く、カロリーの高い料理が多い。肥満や高血圧などを引き起こす原因になることもあります。

そこで現在、世界中で和食ブームが巻き起こっています。お肉ばっかり食べないで、魚や大豆からタンパク質をとる。野菜もたくさん食べて、油分を控える。日本人の食習慣は、世界のお手本になっているのです。

これは、こころの健康についても同じことが言えます。

自己肯定感の高い人は、いつも健康によい言葉を食べています。栄養のバランスに優れ、こころへの負担も少ない、和食のような言葉です。

一方、自己肯定感の低い人は、カロリー過多の言葉を食べています。心身への刺激や、負担の多い、ファストフードのような言葉です。

だからこそ、私たちは言葉の食習慣である「口ぐせ」を改善していかなければならないのです。

では、ここで質問です。

口ぐせを変える。言葉の食習慣を変える。そう聞いて、みなさんはどんな姿をイメージしますか?

たとえば、「忙しい！」を「今日はゆっくり休もう」に言い換える。

「疲れた」を「がんばった！」に言い換える。

「食べすぎてしまった」を「おいしかった！」に言い換える。

あるいは、子育ての場面でも「なんで、こんなこともできないの?」を「○○してくれたら嬉しいな」に言い換える。

多くの人が思い浮かべるのは、こうした「ネガティブな言葉からポジティブな言葉への言い換え」ではないでしょうか。実際、これらの言い換えはいろんな本でも紹介されています。

しかし、言い換えのパターンを1000個覚えたところで、なんの意味もありません。たとえるならそれは、気づいたときだけサラダを食べているようなものです。

口ぐせとは、意識せずとも出てくる言葉です。**言い換えの意識が頭にあるうちは、口ぐせとは言えず、食習慣そのものの変化とは言えません。**

言葉の言い換えに意識が向きすぎると、言い換えが目的化してしまう危険性があります。

目的はあくまでも、失われた自己肯定感を取り戻すことです。

その手段として言い換えがあり、よい言葉の口ぐせ化があるのです。

「言い換えの丸暗記」にならないよう、注意しましょう。

言い換えの丸暗記に意味がない、わかりやすい例を紹介しましょう。

あなたの前にAさんとBさん、二人の青年がいます。

Ａさんはいつもハキハキした口調で、背筋を伸ばして、大きな声で喋る人です。

でも、たまに「今日の発表、不安だな」「失敗するかも……」などとネガティブな言葉を口にすることもあります。

一方、Ｂさんは「今日も大丈夫だよ」「絶対成功するから」と前向きな単語だけを使うタイプです。

でも、いつも声が小さめで、ボソボソ喋っているので、みんなから発言を聞き返されることも多いようです。

さて、あなたは、ＡさんとＢさんのどちらのほうが、話していて気持ちがいいと思うでしょうか？　どちらのほうが、自己肯定感が高い人だと感じるでしょうか？

きっと、圧倒的にＡさんを選ぶ人が多いはずです。

話す言葉（内容）も大切ですが、話し方もとても重要な要素です。はつらつとした語り口で話してくれるＡさんは、周囲の人から「この人と話していたい」と思われる存在でしょう。

ここから言えることは、「言葉の食習慣」とは、単語レベルの問題ではないということ

です。

たとえば、口調や声のトーン、言葉を発するときの表情、長い文章を話すときの言いまわしなど、言葉にまつわる「くせ（習慣）」のすべてに変化の余地があるのです。

つまり、そういったもの、すべて含めて「口ぐせ」なのだと考えてください。

ポジティブな言い換えワードを丸暗記しても、意味はありません。

この本にも書いていないような場面で、自然と出てくるあなたの言葉が変化したら、それがあなたの口ぐせが改善された証拠です。

ぜひ、そのフェーズを目指して、本質的な口ぐせの改善を目標にしていただきたいと思います。

自分の「口ぐせ」をふり返ろう

――汝《なんじ》自身を知れ。

古代ギリシアのアポロン神殿の玄関柱に刻まれていたとされている言葉です。哲学者ソクラテスは、「自らの無知を自覚し、自分の魂を育成していくように」という倫理的要求として、この言葉を解釈したといわれています。「魂の育成」というと、ややオーバーですが、私たちが変化を求めるうえでも、「汝自身を知る」ことはとても重要です。

というのも、自分を変えるためのファーストステップは、**「自己認識」**にあるからです。

たとえば、ここにゴルフを始めたばかりの人がいたとします。彼は、もっとドライバーショットの飛距離を伸ばしたいと思っています。

そこで、やみくもにドライバーを買い換えたり、プロの動画を見て真似しようとしても、なかなか上達しないでしょう。なぜなら、いまの自分の状態を理解できていないからです。いうなれば、スイングの基礎をわかっていない人が、クラブの握り方を変えても意味がないわけです。

彼の場合、まずは、いまの自分がどんなスイングをしているかを知らなくてはなりません。スマホで動画を撮ったり、人に見てもらったりして、まずは、いまのスイングフォームを確認する。いまのドライバーの特徴を知る必要もあるでしょう。

そうやって現状を把握すると、プロとの違いは何か、どこに改善の余地があるのか、どんな練習が必要かがわかってきます。

自分のスイングを録画して見てみたら、「こんな変な打ち方をしていたの?」と恥ずかしく思うかもしれません。人にアドバイスをもらったら、いまのフォームのダメなところを指摘され、落ち込むかもしれません。

それでも、**「いまのフォーム」を直視して、向き合わないことには改善は始まりません。**

改善や変化のためには、しっかり自己認識することが必要なのです。

ダンススタジオは鏡張りになっていますが、あれは、まさに自己認識を促すためです。恥ずかしくても、うまく踊れなくても、いまの自分を受け入れる必要がある。だから、鏡張りになっているのです。これは「口ぐせ」を改善するうえでも同じです。

まずは、あなたのありのままの「言葉の食習慣」を把握し、受け入れることから、始めていきましょう。

客観視が苦手な私たち

あなたのことをいちばん知らないのは、あなた自身なのかもしれません。実際にそれを示した、こんな心理学のデータがあります。

心理学者で経済学者のダニエル・カーネマンは、学位論文を書いている大学4年生を対象に、こんな質問をしました。

「いつごろ学位論文を書き終わりますか?」

それぞれに最短と最長のケースを予測して記入してもらったところ、学生たちの平均は最短で27日、最長で49日という結果でした。

ところが、実際に論文が書き終わるまでにかかった平均日数は56日だったのです。最短の予測日数で書き上げた学生はほんのひと握りで、最長の予測で書き終えた学生も、半分にも満たなかった。

この学生たちのように、私たちは何かに取り組むとき、客観的に状況を分析できずに、時間や労力を軽めに見積もってしまう傾向があります。この傾向は、カーネマンによって「計画錯誤《けいかくさくご》」と名づけられました。

人間は、自分を客観視するのがとにかく苦手な生きものです。

とくに口ぐせは、無意識に口をついて出るもの。自分で気づくのは、困難を極めます。友だちから「あなたって○○が口ぐせだよね」と指摘されて驚いた、なんて経験がある人もたくさんいるのではないでしょうか。

だからこそ、意識して自分の口ぐせをふり返る時間を持つ必要があるのです。

口ぐせをふり返る5つの習慣

それではここから、自分の口ぐせをふり返る具体的な方法を5つご紹介します。実際に試してみると自分の無意識な口ぐせが見えてくるはずです。ぜひ自分に合った方法を見つけて、継続的にふり返りの時間を習慣化しましょう。

（1）口ぐせのジャーナリング

1つめは、口ぐせのジャーナリング。ジャーナリングとは、記録をつけることです。これは私のカウンセリングに来られた人に、まずおすすめする方法です。

やり方としては、誰かと話した後などに、自分がどういう言葉を使ったか、どんな話題についてやりとりしたか、逐一記録をつけていく。それだけです。スマホのメモなどを使うと手軽にできると思います。

継続して記録をつけていくと、自分の言葉の傾向が詳細につかめてきます。

もちろん、最初は面倒だと思う人がほとんどでしょう。カウンセリングに来られる人の中にも、途中で挫折してしまう人は少なくありません。

ですから、挫折は「するもの」と考えて、たとえば3日間続けたらご褒美にコンビニスイーツを買うとか、ジャーナリングを再開したら別のご褒美を用意するとか、頻出ワードは単語登録しておくとか、自分自身で、事前に「挫折をしても続けられる工夫」をしておきましょう。こうしてゲーム性を持たせていけば、意外と楽しく習慣になっていきますよ。

(2)会話を録音する

これは、誰との会話でも構いません。友だちや家族、恋人との日常的な会話を録音して、**2つめは、会話を録音して聞き返すこと。**自分で聞き返してみてください。

録音は、どんな言葉を使っているかがわかるだけでなく、自分の声のトーンなどもふり返ることができるので、とてもよい方法です。「自分ってこんな声だったんだ」「『え〜』っていう間が多いな」など、たくさんの発見があるでしょう。

いまは、仕事でオンラインミーティングなどをしている人も多いと思うので、その様子を録画して、ふり返ってみるのもよいかもしれません。

(3) 人に尋ねる

3つめは、人に尋ねることです。**普段からよく話している相手に「私ってどんな口ぐせがあるかな?」と直接尋ねてみてください。**

人は自分のことを客観視するのが苦手だと言いましたが、他人のことなら別。人のことを客観視するのは得意です。みなさんも、友だちの口ぐせにはすぐに気づいた経験があるかもしれません。

もしお子さんがいらっしゃる場合は、お子さんに聞いてみてもいいでしょう。子どもは、親の言葉を思いのほかしっかり覚えています。お子さんに対してどんな言葉を使っているのかがわかって、よいふり返りになると思います。

(4) LINEを見返す

4つめは、もっとも手軽な方法です。それは、LINEを見返すこと。仕事のメールやSNSの投稿などでもよいと思います。過去のやりとりを見返すだけでも、あなたが使いがちな言葉の傾向が見えてきます。

テキストなので、単語や文章の言いまわしだけにはなりますが、視覚的にふり返ることで、よりしっかり口ぐせを認識できるメリットもあります。

(5)日記をつける

最後は、日記をつける習慣です。日記を読み返すことも、言葉の使い方や話題の選び方、物事への着眼点をしっかりふり返れるよい方法になります。

日記は誰に見せるものでもないので、綺麗な文章を書こうと思う必要はありません。メモのようなつもりで、自分の思ったことをそのまま書けばいい。**むしろ、日記が個人的なものであればあるほど、自然と出ている素直な言葉たちをふり返る材料になります。**

日記帳を準備しなくとも、単なるブロックメモやスマホのメモ機能などでも十分です。それくらい気軽に考えておくと、習慣になりやすくなります。

以上、代表的な5つのふり返り習慣を紹介しました。

これ以外にも、自分が好きなタレントさんの口ぐせをチェックする、という方法もあります。好きなタレント（たとえばお笑い芸人）さんの口ぐせはずっと聞いているうちに、自分にもインストールされていくもの。意外と自分の口ぐせになっているものも多いかもしれません。

また、これらの方法を自分なりにアレンジしたり、組み合わせたりして、口ぐせ習慣にするとよいと思います。

いまの「言葉の食習慣」を知ることは、口ぐせを改善し、自己肯定感を取り戻すための第一歩です。ぜひ、最初の一歩を踏み出しましょう。

「こころの黄色信号」となる口ぐせ

私は、これまで1万5000人を超えるクライアントのカウンセリングを行ってきました。霞が関で働く官僚もいれば、プロのアスリート、メンタルの調子を崩して自宅で療養する会社員、学校に行けなくなった中学生……。年齢も職種も性格もバラバラな、たくさんの人と接してきた経験があります。

そんな中で、自己肯定感が低い人に共通する口ぐせがあることがわかってきました。ここでは、そんな自己肯定感が下がってしまう口ぐせを示しておきたいと思います。

ただし、もしも自分に、ここに書いてある口ぐせが見つかったとしても落ち込む必要はありません。「この口ぐせがあったらダメだ」ではなく、「黄色信号が出ているんだな」くらいに考えてくださいね。自分の潜在意識が早めにSOSのサインを出してくれているんだと思って、改善するきっかけにしましょう。

(1)否定語が増える

いちばんわかりやすく、また重大な危険信号は「否定語が増えること」です。

たとえば、**「できない」「もうダメだ」「絶対ムリ」などが否定語の代表格。**こうした言葉を多用していたら、要注意です。

これは自分自身に対して言っていることもありますし、子育て中の人でお子さんに対してよく言ってしまっている人も多いです。もしくは部下に対する指導として、「これじゃあダメだよ」「何回ミスするんだ！」と否定的な言葉を使いがちな人もたくさんいらっしゃいます。

なぜ否定語が危険なのか？

それは、否定語は「こころのブレーキ」として働くからです。

「もうダメだ」とか「できない」という言葉は、言うなれば、通行止めの看板。自分で通行止めのサインを出し、こころがストップするように仕向けているんですね。

当然、物事を前に進めることはできなくなるし、道をふさがれた閉塞感、先の見えない不安感で、気持ちがぐんぐん下がっていきます。

さらに、**否定語を頻繁に使っていると、否定的な側面を見る目ばかりが育ってしまいます。**あらゆるものを疑うようになり、反射的に否定する言葉を探してしまう。そうなると、拒否したり、排除したり、諦めたりする思考がくせになるのです。

たとえば、会社で部署異動があったとします。希望していない業務をすることになったあなたは、チームの目標を聞いても「どうせムリだよ」と思い、「がんばって出世しても大変になるだけ」とやる気もない。

すると、潜在意識は「できない」「意味がない」ことを裏づける情報を集めるようになります。目標を達成できなかったと聞いたり、昇進した同期が忙しく働いているのを見つけては「ほらね、やっぱり」と思って安心する。

これでは、こころの中に、自分や他人の失敗体験をたくさん積み上げていくことになります。やる気も自己肯定感もますます失われていくでしょう。

このように、否定語を多用していると、「できるかもしれない」という肯定的側面が見えなくなって、なにかにつけて「どうせムリだ」「難しいよね」とネガティブな側面ばかりが視界に入ってきます。視野はどんどん狭まり、閉塞感は増すばかり。

となると、もうマイナス思考の底なし沼です。このループに一度ハマるとなかなか抜け出せない。自己肯定感は、下降の一途をたどっていくことになります。

(2)接続詞が増える

もう一つ、**「接続詞が増えること」もマイナス思考のサイン**です。

とくに注意したいのは、英語でいう**「but」**の接続詞。なぜなら、「but」の後には否定語が続くことがほとんどだからです。たとえば、カウンセリングの中でも、「先生のおっしゃることはよくわかります。でも私は……」と「できない理由」を語る人が大勢います。

「でも」「だって」「そうは言っても」。これらの言葉の後には、必ずと言っていいほど否定語が続くものです。もしも「でも……」と口ごもって、あとの否定語を声に出していなくても、意味は同じです。

また、逆説の接続詞で始まる言葉は、言い訳であることが多いもの。

言い訳がくせになると、課題から目をそらし、逃げることが自分に根づいていきます。そのうち、壁を乗り越える方法がまったくわからなくなってしまうでしょう。

自己肯定感の世界チャンピオン、赤ちゃんを思い出してください。自己肯定感は「壁を乗り越える力」です。何度失敗しても諦めないこころ。失敗する自分を受け入れられるこころ。行動できる前向きなこころ。

言い訳をして逃げてばかりでは、そんな自己肯定感が育つことはありません。ですから、逆説の接続詞が増えること自体が「黄色信号」だと言えるのです。

(3)気弱な話し方

言葉の発し方にも注意すべきサインがあります。

たとえば、声が小さくなっていたり、ため息まじりの言葉が多くなったり、語尾がモゴモゴ不明瞭になったり。そんな気弱な話し方をする傾向が見られたら、自己肯定感が下がっている兆《きざ》しだと思ってください。

これは言わば、「言葉を発すること」にブレーキをかけている状態です。

一般的に自動車は、ブレーキとアクセルを同時に踏んでも、ブレーキが勝つように設計されています。つまり、ブレーキを踏んでいる間は、どうがんばっても、前に進むことはありえないのです。

それと同じで、言葉を発することにブレーキをかけていると、どんなに「いい言葉」を使っても、前に進むことはできません。こころは停滞し、ときには後退することになってしまうでしょう。つまり、どんどん気持ちが下がっていくし、ネガティブな思考が生まれていきます。

じつはこのサインは、こころの不調を抱えるクライアントさんと接していて気づいたことです。そうしたクライアントさんは、カウンセリングに来ても、最初のうちは、なかなか言葉が出てきません。

「えっと……、こんなことがあって……。でも……」

下を向いて口の中で言葉が籠《こ》もっているように話されるので、不明瞭で、聞きとりづらいことが多いのです。

そうした自分の口ぐせ（話しぐせ）を、自分の耳で聞くことによって、さらに気持ちがふさがって、ますます思考が後ろ向きになっていきます。

（4）攻撃的な言いまわし

4つめの黄色信号は「攻撃的な言いまわし」。これは、ほかならぬ私自身の体験談です。

私は、25歳からパニック障害などを患い、10年間自宅から出ることができませんでした。

その当時を知る人に話を聞くと、いまと比べて私の話し方はかなり違っていたようです。異様なまでに早口で、他人の言葉に対して、切り捨てるようなことばかり言っていました。「論理的におかしい」「矛盾しすぎだよ」「それはダサい」「そんなのありえない！」と。こころに刺さったトゲがそのまま言葉に表れているような状態です。

そうした物言いは、確実に自分自身を追い詰めていたと思います。

でも、そんな自分を守るために、さらに言葉のトゲを増やし、他人を遠ざけていくことしかできなかった。そして実際、まわりからはどんどん人が離れていきました。

これも、自己肯定感が下がっているサインです。

自分を受け入れることができず、物事を多面的に見ることもできないから、視野がグッと狭まって、柔軟性を失った状態。肯定的側面がまったく見えなくなっている状態とも言えます。

気弱な話し方も要注意ですが、過度に攻撃的な言いまわしを使ってしまっている場合も、自己肯定感の見直しが必要なサインだと覚えていてください。口が悪いのは性格の問題ではなく、過度な自己防衛であり、自己肯定感の欠如かもしれないのです。

いかがでしたか？

あなたの口ぐせに当てはまるものがあったでしょうか？

ネガティブな思考は、一度始まると袋小路に入りやすいものです。

前進しようとするこころにストップをかけ、自分自身を追い込み、あらゆる意欲を奪ってしまいます。だからこそ、こうしたサインを見逃さず、ループにハマる前に、改善していくことが大切です。

このパートを読んで、決して「私はよくない口ぐせを使っていたんだな……」と落ち込まないでください。

これらは、単なるサインです。むしろ、「いま気がつけてよかった！」と自分を褒めてあげましょう。

こころからのＳＯＳに気づけたあなたには、自己肯定感を取り戻す日が、すぐそこに近づいています。

身につけたい4つの口ぐせ

まずは、自分の口ぐせをふり返る。そして危険信号の口ぐせを知り、自分がそれを使っていないかチェックする。そうしたら次は、いよいよ「いい口ぐせ」のインストールです。
いい口ぐせとはどんなものなのか？　順番に紹介していきましょう。

身につけたい口ぐせ❶「肯定語を多用する」

先ほど「否定語はこころのブレーキだ」というお話をしました。

では、こころのアクセルとなる言葉は何か。

答えはもうおわかりでしょう。**否定語の反対、肯定語**です。

肯定語をたくさん使うこと。これはもう、いい口ぐせの大前提になるような、とても大切なポイントです。

肯定語とは、成功をイメージさせる表現や、受容を示す言葉。簡単に言えば、ポジティブな言葉です。「できる」「大丈夫」「OK」「なんとかなる」などが肯定語の代表格になります。

たとえば、あなたが学生で、期末テストを目前に控えているとします。

ふつうは「テスト近いしヤバい、勉強しなくちゃ」といった、自分を追い詰める言葉が頭に浮かびます。これは否定語です。拒否や排除を示す言葉だけでなく、このように義務感を生み出す「ねば」「べき」などもネガティブな言葉と言えます。

もし、このときの気持ちを肯定語で表そうとするならば、

「今回のテストでは学年で20番以内に入りたい！　だから勉強しよう！」

という肯定的な言葉を言う。

こうした言葉を発することで、勉強が「義務」ではなく、「自分の望みを叶えるための手段」になります。つまり、勉強をする動機が生まれるのです。

テスト勉強をしなければならないという状況に変わりはありませんが、どちらの言葉を使うかでモチベーションはまったく変わってくるはずです。

さらに、「20番以内になりたい！」と具体的に目標を掲げることで、イメージの力も働くでしょう。ただ勉強をするよりも、現実を変える可能性が上がるはずです。

ただし、注意してほしいこともあります。

それは、すべてをポジティブに変換しようとするあまり、八方美人になってしまうこと。たとえば、度を越えたサービス残業を求められたり、無茶なスケジュールで仕事をふられたりしたときにも、「ＯＫです！」と肯定語で受け入れる。これは自分のこころに嘘をついている状態ですし、何よりからだを壊しかねません。

言うべきＮＯやＮＧは大事に守りましょう。

むしろ、言うべきＮＯを言わずにいることは、「正直な気持ちにブレーキをかけているだけ」だと考えてください。

私が単純な「言い換え」に否定的なのは、まさにこの点に理由があります。

言葉は、表面だけ入れ替えればいいものではありません。

それを口にする自分のこころが伴って、ようやく効力を発揮するものです。

表面的な言い換えに終始していたら、余計にこころが苦しくなる可能性だってあるでしょう。

肯定語をたくさん使うのはとてもいい口ぐせですが、単語の言い換えに縛られることはないようにしてください。

自分のこころにはいつも正直でいる。そのうえで、表現を変えていくことをこころがければいいのです。

こころは、言葉を食べて生きています。

つまり、こころと言葉は連動している。**言葉を肯定語に変えれば、物事への解釈が変わり、肯定的側面を探す思考のくせがついてきます。**

肯定語を使う。肯定的側面を見る。この2つはぐるぐる連鎖して、自己肯定感がぐんぐん上がる最高のスパイラルを生み出してくれます。

ぜひ今日から、肯定語の力を活用していきましょう。

身につけたい口ぐせ❷「〝かもしれない〟をつけ足す」

「よくない口ぐせをやめよう！」

「肯定語をたくさん使おう！」

そう意識しても、最初はなかなかうまくいかないかもしれません。口ぐせは、まさにその人の「くせ」ですから、すぐには消えないものです。

とくに否定語を使いがちな人が肯定語を使うのは、考え方を180度転換するようなものですから、難しい部分もあると思います。

日常生活の中で、とっさに「でも……」「ムリだ……」という否定語が顔を出してしまうこともあるでしょう。

そんなときに言ってほしいのが、**「かもしれない」**という言葉です。

「できない……」の後に「かもしれない」。

「もうムリ……」の後に「かもしれない」。

こうやって、否定語を言ってしまった後に、「かもしれない」とつけ加えるのです。

何度も「できない」「ムリだ」という通行止めの看板を見ていると、すべての道がふさがれているような気がしてしまうものです。つまり、「これもできない、あれもムリだ。だから自分はダメなんだ。やっぱり自分は変われないんだ……」と、最悪のループが始まってしまう。こうなると、抜け出すのは非常に困難でしょう。

そういう思い込みに陥《おちい》ることを防ぐのが、「かもしれない」という口ぐせです。

否定に「かも」をつけ足すことで、再解釈の余地が生まれます。他の可能性もあることを意識できるようになります。

そうなれば、あなたの意識は、自然と行き止まりの道を迂回する方法を探しはじめます。

「この方法はムリだった。だけど、ほかの方法があるかもしれない」
「これはできなかった。だけど、ほかにできることがあるかもしれない」と。

これは、心理療法の現場で使われている「脱フュージョン」というテクニックです。

アメリカの臨床心理学者、スティーブン・ヘイズによって提唱されたアクセプタンス＆コミットメント・セラピー（ACT）から派生した考え方で、ネガティブな感情と距離をとって、負のループに陥りにくくする手法です。

本来「フュージョン」とは、「融合」「混ざり合う」といった意味の単語。そこに「脱」をつけて、「混ざり合った感情から、ネガティブな感情を切り離す」という意味が込められています。

ここで取り上げた「かもしれない」をつけ足す方法のほかにも、「ネガティブな言葉は歌を歌うように、メロディーをつけて言う」とか、漫画のような吹きだしがあるとイメージして思考を俯瞰《ふかん》してみるとか、さまざまなやり方があります。

いずれの方法も、「ダメだ」というネガティブな感情だけに頭を占拠《せんきょ》されず、別の要素を入れたり、第三者目線を取り入れたりして、マイナス感情と距離をとることに狙いがあります。

私たちが何よりも避けるべきことは、通行止めの看板を目の前にして「もう終わりだ」と思い込むことです。

大丈夫。右折してもいいし、左折してもいいんです。ときにはバックしたっていい。あるいは、通行止めの看板は幻で、そのまま直進すれば、道はちゃんと続いているかもしれません。

いつだって「ほかのルートの可能性もある」とか、「行き止まりは一時的なもの」と考えられるこころが大切なのです。そのこころがあれば、「自分にはできる」「困難も切り抜けられる」という肯定的側面が見えてくるし、実際に克服を体験できれば、自己肯定感が勝手に高まっていきます。

つい口に出てしまう否定語に、「かもしれない」でフタをする。否定語を**否定語のまま終わらせないで、いくつもの可能性を持った言葉にチェンジする。**その習慣をくり返していくだけで、やがて否定語自体が影を潜めるようになるでしょう。

身につけたい口ぐせ❸「アファメーションを習慣化する」

自己実現の有名な手法に**「アファメーション」**があります。

耳にしたことがある人、試したことがある人も多いのではないでしょうか？
アファメーションも当然、とてもよい「言葉の食習慣」ですから、ここでも紹介したいと思います。

アファメーションとは、**「肯定的な自己宣言」**のこと。思い描いている理想や、望む結果を言葉にして宣言し、自分自身に語りかけるのです。

たとえ根拠がなくても、「できる！」と宣言することで、私たちの潜在意識はそうであると信じてくれます。これを利用して、理想を現実にする手法がアファメーションです。

自己肯定感を高めるために、私は次のような言葉をアファメーションするよう、みなさんにおすすめしています。

「私にはできる、なんとかなる！」
「私はツイてる、全部うまくいく！」
「安心、楽しい、大丈夫！」

さらに、アファメーションは、現在完了形を使うともっと効果が高まります。

「できる」よりも「できちゃった！」と言うのです。

たとえば、

「試験に合格しちゃった！」
「仕事のプレゼンがうまくできちゃった！」
「今日も一日うまくいっちゃった！」
などです。

こうすることで、実際に「できた」という完了のイメージを強く思い描けるようになって、アファメーションの効果は、さらに上がっていきます。

これだけを聞くと、怪しい宗教のように感じる人もいるかもしれません。「ひとり言だとしても、『私にはできる！』なんて言うのは照れくさい」という人もいるでしょう。

しかし、アファメーションの効果は、さまざまな実験によって実証されてきました。

たとえば、ペンシルベニア大学の心理学研究チームは、メジャーリーグの全球団の選手たちの発言を徹底的に分析しました。発言に込められた楽観度と悲観度をチーム単位で調査したのです。

すると、シーズン中にメディアに対して悲観的な発言をした選手の多かったチームは、翌年、前年の成績を下まわりました。一方で、楽観度の高い発言をする選手が多かったチームは、前年よりも好成績を上げていることがわかりました。この研究は翌年も続き、同じ結果が出たと報告されています。

つまり、「できる」「大丈夫」と楽観的な口ぐせを習慣化している選手が多いチームは、よい成績を残すことができたのです。

実際、スポーツ選手の中には、アファメーションを日常に取り入れている人が多いものです。

私がカウンセリングを行ったプロアスリートで、アファメーションによって成績が向上した人も何人もいます。ゴルフプレイヤーやフィギュアスケート選手など、さまざまな競技の選手たちに効果がありました。

身につけたい口ぐせ❹「にこやかに声を響かせる」

先に紹介した、「危険信号の口ぐせ」では、言葉だけでなく「話し方」にも気をつけてほしいとお話ししました。

その逆もしかり。**話し方によって、自己肯定感を高めることもできるのです。**つまり、よい言い方、よい口調、よい話し方をしていくことでも、こころのアクセルを踏むことができます。

これはとくに無意識の「くせ」の部分が大きいですから、習慣化してしまえば、ばつぐんの効果を標準装備にすることができます。ぜひ、身につけてくださいね。

ポイントは、声量と表情です。

みなさんは、陸上競技の砲丸投げの試合を見たことがありますか？

選手のみなさんは、砲丸を投げる瞬間、必ずとても大きな声で何かを叫んでいます。

あの「叫び」にはちゃんと理由があります。

大きな声を出すことによって脳内にアドレナリンが分泌され、より大きな力が発揮できるのです。

アドレナリンは、交感神経を刺激するホルモンです。交感神経とは、からだの機能を活性化してくれる自律神経のこと。交感神経が刺激されると、からだとこころが興奮モードになり、心拍数や血圧が上昇して、からだのパフォーマンスが高まるのです。

また、「人間は悲しいから泣くのではなく、泣くから悲しくなるのだ。楽しいから笑うのではなく、笑うから楽しくなるのだ」という言葉をご存じでしょうか？

これは心理学の世界で、ジェームズ＝ランゲ説として知られる理論です。

実際、人間は笑うとエンドルフィンという幸せホルモンや、ドーパミンという快楽ホルモンが分泌されます。

エンドルフィンは、「幸せだな」という幸福感をもたらしてくれるものです。苦痛を和らげる作用も持っているので、別名「脳内モルヒネ」と呼ばれています。

ドーパミンは、ストレスホルモンの分泌を抑えてくれる効果があり、やる気やモチベーションの維持に欠かせないホルモンです。

つまり、**どんなときでも、口角を上げて笑顔になれば、こころに非常によい影響が生まれるのです。**

このように、大きな声を出せば、からだはパワーアップするし、笑顔で話せば幸福感を覚えることができます。力が湧いて、幸福感に包まれると、気持ちは前向きになります。人生への意欲が湧き、どんなことにも楽しく取り組めるようになるでしょう。

難しく考える必要はなく、**ただ話し方を少し工夫するだけです。**

とても手軽な方法だと思いませんか？ ぜひ、グッと口角を上げてみましょう。遠く離れた人にも言葉を届けるように、声を響かせながら話してみてください。

「いやいや、私は大声を出すのは苦手で……」

「緊張してどうしても顔がこわばってしまうんです」

もしもそんな人がいるならば、モノマネをしてみましょう。**誰かになりきって、話してみるのです。**

たとえば、お笑い芸人の松本人志さんになりきってみるのはどうでしょう。

すると、自然と関西弁になって、会話のテンポがよくなり、笑顔が増えるはずです。もちろん松本さんのようにボケられなくても大丈夫。**言葉の内容は関係ありません。声の大きさ、語尾、口調、表情など、彼の「話し方」を真似ることに意味があるのです。**

もしくは、『ドラゴンボール』の孫悟空など、漫画のキャラクターをイメージしながら話してみるのはどうでしょうか?

ちょっと雑な口調になったり、きっぷのいい物言いをしてみたり。ハキハキした口ぶりで話していると、自分も強くなったような気分になれるはずです。

モノマネをする相手は、誰でも構いません。別の人になりきってみることで、話し方を変えるスイッチを入れることができます。

自分以外の誰かを真似したり、想像したりしながら話すことは、いい話し方を身につけるだけでなく、新しい自分を発見したり、自分を客観視したりすることにもつながる方法です。

視野が広がり、ネガティブに考えていた問題も、案外小さなものだと気づくきっかけになるかもしれない。そうしたら、些細なことでは悩まなくなるでしょう。これは、自己肯定感のアップにつながっていきます。

このように、モノマネは、こんなにも人生に好影響を運んできてくれる、実用的なアクションなのです。

いかがでしたか？　この4つのなにげない口ぐせを習慣化するだけで、こころの免疫力が高まり自己肯定感が取り戻されます。

そして、言葉の習慣が変わり最高の人生が始まるのです。

なりたい自分になる最強マインドセット

「プラシーボ効果」という言葉を聞いたことがありますか？
効き目のない薬を服用しているときでも、飲んでいる人自身が「この薬は効き目がある」と思い込むことで、実際に症状が改善してしまう。これは、さまざまな医療の現場で、効果が実証されている現象です。

これと似た現象として、社会心理学では「予言の自己成就」という言葉があります。アメリカの社会学者、ロバート・K・マートンが提唱した考え方で、根拠のない予測（噂や思い込み）であっても、一人ひとりがその予測に沿って行動することで、社会現象として、その通りの結果が実現することをいいます。実際にあった「予言の自己成就」の一つとして、イギリスのノーザン・ロック銀行の事例を紹介しましょう。

予言は実現する

ノーザン・ロック銀行は、イギリスでも5本の指に入る大きな銀行でした。

ところが、2007年9月、サブプライムローン危機に巻き込まれたことによって、資金繰りが悪化したため、イングランド銀行（イギリスの中央銀行）に支援を要請。そのニュースが広まると、「貯金がなくなる！」との不安に駆られた預金者たちが、銀行に押しかけ、一斉に預金を引き出そうとしたのです。こうして預金者の解約が重なり続け、銀行はさらなる危機に陥りました。

イギリスの金融当局は「預金の安全性に問題はない」と緊急声明を出しましたが、危機のスパイラルが止まることはなかった。一部の支店では、暴徒化した預金者のために警察まで出動する事態にもなりました。

この騒動がきっかけで、ノーザン・ロック銀行はその後、破綻に追い込まれました。

はじめは単なる予言（貯金がなくなるかもしれない）でしかなかったものが、現実になってしまったのです。ほかにも、人びとが「株価が上がる」と信じている限り、株価が上がったり、「この生徒の成績がよくなる」と教師が信じれば、該当生徒の成績が上がったり。

そんな事例や実証実験が、いくつも報告されています。

思い込みの力で成功する

アファメーションもまさに、予言の自己成就と同じメカニズムです。

たとえば「自分はチャンスに恵まれている」というアファメーションを習慣にしていると、「自分はチャンスに恵まれている」と信じて行動するようになります。

少しくらいうまくいかなくても、「でも自分は恵まれているから大丈夫！」と自分を励ますことができる。そうして何度も立ち直ってチャレンジすることで、行動の試行回数がぐんぐん増えていきます。すぐに諦めてしまう人に比べて、成功に近づけるのは間違いないでしょう。

アファメーションを「単なる思い込みじゃないか」と思う人がいるかもしれません。「思うだけで成功するなら誰も苦労はしないよ」と。

そう、これは**「思い込みの力」**です。ただの「思い込み」「大ボラ吹き」「ビッグマウス」。そう言いたくなるのもわからなくはありませんが、「イメージは現実を変える力を持つ」ということを思い出してください。

強く思い込むことは、確実に私たちの潜在意識を活性化してくれます。

「できる」と信じていれば、潜在意識は勝手に「できる」理由を探し、「できる」を実現するために情報を集め、行動を促していきます。さらに、潜在意識は、「できる」ということが、「すでに達成されている」要素も勝手に探してくれます。

それは、自分にとって肯定的な側面だけを見るようになるということです。

そうなると、自然と自信がつくられて、ますます前向きに行動できるようになっていきます。**思い込みの力によって、必然的に「できる」の達成が近づくというわけです。**

アファメーションは、肯定的側面を見るトリガーになります。

それがきっかけとなって、肯定的側面を見る目が確実に育っていく。そうして、成功体験がつかめたら、トントン拍子に自己肯定感が上がっていきます。

アファメーションは、たったの10秒でできることです。言葉を口にするだけ、思い込むだけでいいんです。

さあ、あなたも、いま、声に出してみませんか？

——私にはできる、大丈夫！

自己肯定感を上げる最強のサプリメント「ありがとう」

みなさんは普段、なにかサプリメントをとっていますか？

私は日常的に、ビタミンやミネラルなどいくつかのサプリメントをとるようにしています。

サプリメントとは、健康の維持・増進に役立つ成分を濃縮した錠剤（カプセル）のこと。医薬品ではありませんが、食事では不足しがちな成分を手軽に摂取できる健康補助食品として親しまれています。最近では約3割の人が毎日サプリメントを利用しているというデータもあるほど。

健康的な生活のためには、栄養バランスのよい食事がベースになることは大前提ですが、手軽に栄養素がとれるサプリメントをプラスするのは、健康増進のためにとても効果的です。

口ぐせでポジティブの感情を引き出す

さて、食生活におけるビタミンサプリのように、言葉の食習慣においても、効果的なサプリメントがあります。

「ありがとう」

これが、口ぐせ界で最強のサプリメントです。

「ありがとう」は言うまでもなく、感謝の言葉です。

だから「ありがとう」と口に出すとき、こころは必ずポジティブな状態になる。どんなに小さなことだったとしても、相手への感謝を抱いているので、ネガティブな感情が生まれることはありません。

また、「ありがとう」を言われる側だったときもそうです。

「嬉しくなる」「感動する」「気持ちがいい」——必ずポジティブな感情が湧いてきます。

「ありがとう」は、言った側も言われた側も、絶対にポジティブな気持ちになれる魔法の言葉なのです。

たとえば、私は朝起きたときに、

「今日も一日が始まった！　太陽、ありがとう！」

と口にしています。

このように、**脈絡がなくても、こころが伴っていなくても構いません。**

とにかく、なにかにつけて「ありがとう」の5文字を口に出すようにしてください。

条件反射的に、常に「ありがとう」と言う。すると、確実に自己肯定感が高まっていくのです。

「ありがとう」の力で悪循環を脱出

「思ってもいないのに、ありがとうなんて出てこないよ」

そんな声が聞こえてきます。

しかし、意識的に「ありがとう」と言葉にすることに、大きな意味があります。

じつはこれ、私自身が経験して効果を実感した方法です。

私は25歳のときから10年間引きこもりだったというのは、先ほどもお話ししました。

当時の私はとにかく否定的に物事を考えていて、否定語を使う口ぐせが抜けませんでした。無力感から常に自分を責めていて、自信を完全に失い、何をしても自分の成果を認めることができなかった。まさしく負のスパイラルに乗っているような日々でした。

そんな自分を変えたいと思い、心理学や哲学、自己啓発などさまざまな知識を独学して、いくつもの心理療法を自ら実験していきました。

そんな状況で、稲盛和夫さんの『生き方』（サンマーク出版）という本に感銘を受けました。そして、その本に書かれていた**「福がもたらされたときにだけではなく、災いに遭遇したときもまた、ありがとうと感謝する」**という教えを実践することにしたのです。

たとえば、

「ああ、もう自分って最悪だな」

と思ったときにも、後ろに

「でも自分、ありがとう」

とつけ加える。

「外に出るのが怖いな」

と思ったときも、

「ありがとう」と言う。

もちろん、当時はこころなんて伴っていません。でも条件反射的に、必ず「ありがとう」と言ってみるようにした。

すると、悪循環に陥っていた私に変化が表れました。

まず、常に「ありがとう」という言葉がワンクッションになるので、**冷静に次の選択肢を考えられるようになりました。**考えていることとは別の要素を取り入れて、ネガティブな感情と距離をとる「脱フュージョン」の効果があったのですね。

それだけでなく、生きていること、動くからだがあること、働いてくれる潜在意識があること。だんだんと自分自身への感謝の気持ちも湧いていきました。

当然、まわりへの感謝の気持ちも強くなって、感謝の気持ちをちゃんと伝えられるようになった。すると人から「ありがとう」と言ってもらえることが増えて、自分自身の価値も感じられるようになっていきました。

そうして、少しずつ自分を受け入れられるようになったのです。

たくさんの心理療法を試した中でも、「ありがとう」を言うことは、とくに効果があったのです。

このように、「ありがとう」はたった5文字で、計り知れないほどのプラスの効果が得られる、最高のサプリメントなのです。

口ぐせとして「ありがとう」をたくさん言うようになると、「ありがとう」を見つける目が育っていきます。

物事の肯定的な側面を見て、些細なことにも感謝ができるようになる。誰かに対してだけでなく、自分自身に対しても感謝ができるようになります。このことは、すべての自分を受け入れること、あらゆる自分を大切にすることにつながっていきます。

つまり、感謝のこころは、「ありがとう」を口に出しているうちに、必ず伴っていくものなのです。

そうしてこころが伴えば、さらに「ありがとう」を言う機会が増えていき、他者から言われることも多くなり、好循環が生まれ、自己肯定感はぐんぐん上がっていくでしょう。

よい言葉の食習慣を身につけることはもちろん大切ですが、「ありがとう」という最強のサプリメントをとることで、さらに効果的に自己肯定感を高めていくことができるのです。

ぜひ「ありがとう」を口ぐせにして、うまくいく人生を引き寄せましょう。

いい口ぐせを「習慣」にしよう

さて、ここまで「4つ+1つ」のいい口ぐせをご紹介してきました。

・肯定語をたくさん使う
・「かもしれない」をつけ足す
・アファメーションをする
・大きな声で笑顔で話す

そして、最強のサプリメント。

・「ありがとう」を口ぐせにする

どれもとても大切な口ぐせなのですが、**何よりも大切なのは、これらを「習慣化」することです。**

いい口ぐせを一度言うくらいでは、こころの変化は起きません。

「言葉の食習慣」を改善する。それが目標ですから、**1日、1週間だけでなく、生涯続く**

「習慣」にしてほしいと思っています。

脳はくり返しを優先する

ここで再び、私たちの脳についてのお話をしたいと思います。脳はとてつもなく複雑で、いまだに解明されていないことばかりですが、それでもすでに判明している特性もあります。

そのうちの一つが、**「脳はくり返しを優先する」**ということです。

受けとった言葉が真実かどうかにかかわらず、脳はそれを真実として受け入れて、優先するようになるのです。

たとえば、お風呂でからだを洗うとき、あなたはどこから洗いますか？

左腕から洗う人、右腕から洗う人、右足や左足から洗う人、あるいは顔から洗う人、人それぞれ自分なりの順番があるでしょう。この順番を守らずにいると、なんとなく気持ちが悪い。ちゃんと洗えているはずなのに、なぜか違和感が残るということがあるものです。

これはまさに「くり返し」が優先された結果です。**ルーティンのようにくり返している順番を、脳が求めているのです。**

第1章で説明した脳の特性に、神経可塑性がありました。

「脳はいつも新しい自分を求めて変化を続けている」

というものです。

脳は新しくくり返したプログラムを記憶し、その形に変化してくれる。つまり、何度もくり返しよい言葉を食べることで、口ぐせも思考のくせも確実に変わり、習慣として定着させることができるのです。

2つのくり返しメソッド

くり返しの方法としては、2つのやり方があります。

まず一つは、その場で同じ言葉をくり返すことです。

たとえば肯定語を言うときには、3回くり返すことをおすすめします。

「できる」じゃなくて、「できる、できる、できる」と3回くり返す。

「大丈夫」と思ったときにも、「大丈夫、大丈夫、大丈夫」と3回唱えてみる。

そうすることで、脳にとっては「できる」ということが優先されていきます。

より「できる」理由を探すようになるでしょうし、できた部分（肯定的側面）を見つけるようになるのです。

もう一つは、毎日くり返すことです。

とくにアファメーションなどは、これがとても大切です。

私がおすすめしたいのが、朝いちばんのアファメーションをくり返すことです。

朝は一日のスタートです。この時間をどんな気分ですごすかによって、一日の方向性が大きく左右されます。そんな一日が1週間になり、1ヶ月になり、1年になる。一日一日の積み重ねが人生をつくっていくのです。

朝の時間を少しだけよい方向へ変えることで、人生は大きく変わっていきます。言わば、自己肯定感にとって、**朝はとても大切な「ゴールデンタイム」なのです。**

実際、人間のからだは、朝によく働くというメカニズムがあります。

太陽の光を浴びると、こころのバランスを整え、活動的になるセロトニンの分泌量が増える。反対に夜にかけては、眠気を感じさせるメラトニンの分泌が増えていきます。

そのため、朝の1時間は夜の1時間の4倍もの生産性がある、と考えられています。

そんなゴールデンタイムを、可能な限り有効活用するためにも、起きてすぐのアファメーションがおすすめなのです。

いい口ぐせは脳を変える

それでは具体的に、毎朝どこでどんな口ぐせをつぶやけばいいのでしょうか？

たとえば、毎朝鏡を見たときに、自分に、

「今日もいい感じ！」

「私ってイケてる！　ツイてる！」

と語りかけるアファメーションを行う。

窓を開けて太陽の光を浴びながら、

「やったー！」

とこぶしを突き上げてみる。

恥ずかしがらず、大きな声で、ハキハキと笑顔で宣言してみてください。

また、**「起きたらまずやる」**というわかりやすいタイミングを決めることで、継続しやすくなる効果も期待できます。

習慣化には、まず2ヶ月

こうした「習慣化」にはどれくらいの時間を要するものなのでしょうか?

ロンドン大学のフィリップ・ラリー博士らの研究によると、単純な事柄であれば、21日間続ければ習慣化するそうです。単純な習慣とは、勉強をしたり、日記を書いたり、読書をしたりするなど、日常的な行動に関わるものを指します。

また、どんなに複雑な変化であっても、その3倍の66日間ほど継続すれば、習慣化するともいわれています。複雑な変化とは、ダイエットをしたり、早寝早起きをしたりするなど、からだのリズムに関わるものや、ネガティブからポジティブに考え方を変えるなどの思考習慣が含まれます。

ですからまずは、**「いい口ぐせ」を2ヶ月続けてみることを目標にしましょう。**

・2ヶ月間、毎日肯定語を言ってみる
・毎朝アファメーションをしてみる
・大きな声で話すことを意識してみる

すると、脳が勝手に思考もマインドも変えてくれます。3ヶ月めからは、もう意識せずとも前向きに、物事を考えられるようになっているはずです。

もちろん、その2ヶ月の間に挫折してしまうこともあるでしょう。忘れてしまう日もあるでしょう。それはよくあることですから、必要以上に気にすることはありません。挫折はあるものとして、その後にまた、**すぐに再開する工夫をすればいいだけです。**

くり返すこと、継続していくことこそが、確実に自己肯定感を高めていく道のりです。ここにショートカットはありません。

大丈夫。たったの2ヶ月です。今日からの2ヶ月で、あなたの人生が大きく変わります。

ネガティブな感情は吐き出して捨てよう

さて、第2章も終わりにさしかかりました。最後に一つ、注意点をお伝えして、この章を終えたいと思います。

「これは言っちゃダメな言葉だ」
「こんな言い方をすべきじゃない」
「この言葉を言わなくちゃいけない」

そうやって、**言葉に義務感を持つのはやめてください。「ねば」「べき」という思考で、あなたの言葉を縛らないでほしいのです。**

どんなに自己肯定感が高い人でも、ネガティブな感情が湧くことはあります。つらい気持ちになったり、落ち込むこともある。ときには乱暴な言葉で怒りを表したくなることだってあるでしょう。

そうした素直な思いに、「言っちゃダメだと書いてあったから」とフタをしてしまったら、モヤモヤした感情がこころの中に溜まってしまいます。こころの空気が淀《よど》み、自己肯定感が下がっていく。それではまったくの逆効果です。

いいですか？　よい言葉、いい口ぐせはあるけれども、悪い口ぐせを一度でも言ってしまったら取り戻せないなんてことはありません。

自己肯定感はいつからでも取り戻せるのです。

ネガティブな言葉がこころに浮かんだときは、むしろ口に出しましょう。フタを開けて、こころの換気をするのです。

マイナスな感情を声に出して吐き出せば、こころのモヤモヤを外に追い払えます。

ネガティブな感情はポイッと捨てて、忘れてしまいましょう。不思議なくらい、気分がスッキリするはずです。

さらに言えば、ネガティブな言葉を吐き出した後に、「スッキリ！」という言葉をつけ足してみてください。そのひと言で、ネガティブな言葉を口にしたこと自体を、前向きに捉えられるようになります。

「ネガティブな感情は捨てたんだ」

「もう手放したんだ」

と前を向くことができる。気持ちを前向きにして、終えられるのです。

こうすれば、「否定語を言ってしまった」と自分を責める気持ちが湧くこともなくなるでしょう。

ネガティブな感情を否定するのではなく、受け入れて、そこから素早く回復できる方法を知っている。それこそが自己肯定感が高いアクションだと言えます。

すべてのことは向き不向きではなく、前向きに過ごしていきましょう。

第3章

「安心感」という血液をめぐらせる

この章でわかること

○ポジティブシンキングは、いきすぎると危険
○こころの土台になるのは「安心感」
○安心感を生むには「こころのシェルターを持つ」「世界の広さを知る」「人を信じる」
○「知ってる」「いいんだよ」が安心感を育むサプリメント
○安心感があると、人生が自由に、楽しくなる

ポジティブ信仰の危険性

第1章で、自己肯定感についての3つの勘違いを否定しました。

・自己肯定感は、生まれや育ちで決まるものではない
・自己肯定感は、一生動かせないものではない
・自己肯定感は、もともと持っていないものではない

これ以外にも、まだ自己肯定感にまつわる勘違いがあります。

それは、「自己肯定感が高い人は、ポジティブシンキングである」という考え。

みなさんも、ポジティブな人を見て「あの人は自己肯定感が高いな」と感じたことはありませんか？

「自己肯定感が高いからポジティブになれる」
「ポジティブだから自己肯定感が高い」

というように、「自己肯定感」と「ポジティブさ」をイコールで結びつけて考える人は

多いようです。

けれども、自己肯定感を高めるというのは、ポジティブになることではないのです。

たとえば、私自身、決して明るい人間ではありません。陽気な性格ではないし、音楽フェスやクラブに行って、はしゃいだことも一度もありません。人見知りで、とてもおとなしいタイプです。

講演や講座などでは、大勢の人の前で話していますが、それも本来の自分のままでは難しいので、セミナールームを歩きまわったりして、意識的に講師モードにスイッチを切り替えて臨んでいるほどです。

そんな私が、自己肯定感について、こうして語っている。本当の自己肯定感を理解し、それを持っている人間だと自負しています。

また、逆の事例もあるでしょう。

たとえば、クラスの人気者的存在で、とても明るく、友だちも多い子が、あるときふと不登校になってしまう。誰も不登校になったきっかけがわからず、みんな「どうしてあの子が……」と不思議がる。みなさんもそんな話を聞いたことがありませんか？

大人の場合でも、こんなことはあります。

「あの人はいつも明るくて前向きで、メンタル強いよね」と思われていたり、自分自身でも「自分はポジティブだし、こころを病んだりしない」と思っていた人が、ある日突然動けなくなる。こうした事例は非常に多いものです。

つまり、ポジティブな性格であることと、健全な自己肯定感の持ち主であることは、必ずしもイコールにはならないのです。

ポジティブシンキングの危険性

むしろ、ポジティブ信仰は強くなりすぎると危険です。

「私は自己肯定感が高いし、ポジティブで、マイナスなことが起きてもすぐにプラスに転換できます！」

カウンセリングの際、こんなふうに自信満々に語るお母さんがいました。

そんな彼女の悩みは、「子どもが不登校になってしまったんです。私はこんなにポジティブなのに、どうして子どもは……」というものでした。

ポジティブ信仰が強い親を持つ子どもは、メンタルダウンしがちです。なぜなら、親が子どものネガティブな感情を全否定してしまうから。

子どもが悩みを吐露《とろ》しても、「そんなふうに思ってはダメ」とか「もっとポジティブに考えて、笑えばいいんだよ」と言い続けてしまうのです。

でも、**ネガティブな感情を抱くことは、誰にだってあることです。**とくに子どもは、まだ揺れ動く自分の感情を言語化したり、コントロールしたりすることがうまくありません。

だから、親に「ポジティブに考えて！」とだけ言われると、どうしたらいいかわからなくなったり、自分を責めてしまったりして、ますますこころの調子を崩していくことになります。その結果、だんだん子どもは親に相談することもできなくなって、親子関係の溝が深まってしまうということにもなりかねません。

ポジティブシンキング自体は、とてもよい考え方です。物事のポジティブな側面を見るのは、人生を豊かにしていくための大前提だといってもよいでしょう。

ですが、ポジティブ一辺倒になりすぎて、視野狭窄になったり、ネガティブを排除したりしてしまうと、さまざまな弊害や危険が生まれます。

人間はネガティブが優位

人間の心理を研究するアプローチの一つに、進化心理学というジャンルがあります。

これは、進化の過程を丹念に追っていくことで、人間のこころを解き明かそうとする学問です。この考え方に沿って、私たちのネガティブな感情について考えてみましょう。

たとえば、私たちがマンモスのいた旧石器時代に生きていたら、いまよりずっと死が身近な存在だったはずです。

冷暖房はなく、雨風にさらされる住居で、日々の食料の心配をしながら、いつか大きな動物に襲われるかもしれないという不安や恐怖心を抱えている。

しかし、そんなとてつもない恐怖があるからこそ、いつも注意深く周囲を観察し、食料を逃さず見つけられる集中力があったのだろうとも想像できます。

むしろ、恐怖がなければ、警戒心が足りず、すぐに死を迎えてしまうはず。

そう考えると、**不安や恐怖といったネガティブな感情は、生きるために必要不可欠**な感情なのです。これに関連する、興味深いデータをご紹介します。

アメリカの心理学者のシャド・ヘルムステッターによると、人は生まれてから20歳になるまでの間に、合計14万８０００回もの否定的な言葉を浴びて育つといいます。

実際、思い返せば誰だって「それはムリだよ」「危ないからやめなさい」「まだ早いからダメだ」といった言葉が、自分の両親などの口調で再生できるのではないでしょうか。

つまり、**私たちの恐怖心は、先天的なものでありながら、後天的な教育の結果である**とも言えるのです。

ネガティブとポジティブの関係については、中国・漢の時代の儒教の経典『易経《えききょう》』に由来する「太極図《たいきょくず》」（左下図）をイメージしていただくといいでしょう。

太極図では、天地万物あらゆるものは陰と陽のバランスによって成り立っていて、陰が極まって陽になり、陽が極まって陰になることが表されています。

それと同じように、ポジティブとネガティブは明確に分かれたり、どちらかをなくしたりできるものではないのです。私たちのこころは、ネガティブとポジティブのバランスによって成り立っています。

マイナスを知るとプラスが広がる

だからこそ、自分の中にあるネガティブな要素を受け入れたうえで、ポジティブな側面に光を当てることが重要になります。

そこに、いちばんの学習があると思ってください。

たとえば、テレビ番組等で活躍するモデル兼タレントのアンミカさんは、とてもポジティブで、常に笑顔でいる印象があります。彼女はとにかく褒めるのが上手。先日も、「そのおしぼりでも褒められますか？」と問われ、すぐさま「白って200色あんねん。でもちょうどいい白！」と語って注目を集めていました。

なぜアンミカさんは、これほどまでによいところを見つけるのがうまいのでしょうか？

彼女によると、過去にうんとマイナスな経験をしてきているからだといいます。

幼少期はとても貧しく、火事にあったり、いじめを受けたりもしたそうです。

またモデルとして活動するようになっても、非常に厳しい世界を生き抜いてこられました。

「ものすごく（物事の）よいところを探さんと生きていかれへん人生やったから、コップ

1個でもタオル1枚でもいいところを探すのが好き」

とおっしゃっています。

彼女のように、どん底を味わったり、マイナスを経験している人のほうが、プラスを見るのが得意になる、ということはよくあることだと思います。

反対にずっと恵まれた環境の中で生きてきた人の中には、身近にあるもののよさや、日常の小さな幸せに気づけず、なかなか満たされないという人もいるでしょう。もちろん、その逆に、恵まれていたからこそ、素晴らしいもの、素晴らしいことに目を向けられる、ということもあるでしょう。

もしも、人と比べてしまったりして、「自分は恵まれていない」「自分には何もない」と思ったときは、下を向くのではなく、自分のまわりを、もう一度見直してみてください。

よいことがきっと見つかります。

マイナスを知っているからこそ、プラスが広がっていることも鮮明に感じとれるはずです。

アクセルとブレーキを適切に使っていく

この本では、ポジティブな口ぐせをたくさん紹介していますが、ネガティブな要素を否定するつもりはまったくありません。

車にアクセルは必要ですが、同じようにブレーキも必要不可欠です。

大切なのは、アクセルとブレーキを踏み間違えず、適切に使っていくこと。

それと同様に、**ポジティブな感情もネガティブな感情も、使いどころや使い方を間違えないことが何より大切なのです。**

自己肯定感を取り戻すには、ポジティブシンキングよりも、じつは、もっと重要なキーワードがあります。

それは**「安心感」**です。

この章では「安心感」について、お話ししていきたいと思います。

昭和のポジティブ世代から、平成の「もがく」世代へ

いきすぎたポジティブシンキングは危険だ、というお話をしました。

ですが、**かつての日本には、徹頭徹尾《てっとうてつび》ポジティブでいることが求められた時代もありました。**いつだかわかりますか？

——昭和です。

ここでは、昭和から平成、令和へと、日本社会の時代的変遷を考えてみようと思います。

昭和とは、どんな時代だったのでしょうか？

第二次世界大戦と戦後の復興期を経て、高度経済成長期を迎え、バブル経済にまでつながっていった時代です。国力も経済力もとにかく右肩上がりで、人びとの欲がどんどん満たされた時代でした。「24時間戦えますか」というテレビＣＭのコピーに象徴されるように、バブル期には猛烈に働く企業戦士が大勢いました。彼らは、がんばればがんばるほど収入が得られ、地位や名誉が獲得できた。つまり、他者承認を得る機会がとても多かったのです。だから、昭和の人びとは上昇志向が強く、とてもポジティブでした。

しかし、そんな時代もバブル崩壊と共に終焉を迎えます。

1989年から始まった平成の時代は、経済成長が停滞し、人びとが「もがく」時代でした。

がんばって働いても、他者の承認は得られなくなりました。残業代も出ないし、昇進は難しい。収入が上がらないどころか、リストラの可能性もある。だんだんと、人びとが勝ち組と負け組に分断されていきました。

社会的な承認や他者からの承認を受ける機会が失われた**平成の時代、人びとは内面的な評価軸を求めるようになっていきます。**人びとの関心は「自分探し」「好きなことをして生きる」「自分を見つめ直す」などのキーワードに変化していきました。

そして、勝ち組の人びとはポジティブに、負け組とされる人びとはネガティブに。ここ ろのありようも二極化されていった時代だったのです。

傷つきやすい令和社会

そんな2つの時代を経て、現在、令和はどんな時代になっているのか。

近年注目されているキーワードの一つに**「HSP（Highly Sensitive Person）」**があります。

これは、アメリカの心理学者、エレイン・N・アーロンが提唱した言葉で、感受性が非常に強く、周囲の環境からの影響を受けやすい敏感な性質を持った人を指します。最近では「繊細さん」という言葉でも知られていますね。

私は、アーロン氏の著書を読んだとき「これは完全に私のことだ！」と勇気をもらいました。この本を読んでいるみなさんの中にも、自分も「繊細さん」だと感じている人は多いのではないでしょうか。私は、これからますますＨＳＰを自覚する人は増えていくと思っています。

いまの日本社会は「空気を読んで生きていく社会」です。学校でも会社でも、あるいは家庭においても、みんな「空気を読まなくちゃ」と思いながらすごしている。非常にハイコンテクストな社会だと言えます。

ハイコンテクストな社会とは、アメリカの文化人類学者、エドワード・Ｔ・ホールが指摘したもので、言葉以外の表現に頼ったコミュニケーション方法をとる社会のことです。共通認識や同じ文化的知識を持つことを前提として会話が進んだり、言葉にしていない部分の意図を察知することが求められたりするのが特徴です。

わかりやすい言葉でいえば、空気を読む、察する、行間を読む、忖度する。日本では、いまや若い人から高齢者まで、みんなが体得している感覚ではないでしょうか。

また、現在は「炎上」しやすい社会でもあります。ＳＮＳの発達により、ちょっとしたこともすべて衆目にさらされるようになった。個人が匿名で簡単に発信できるので、気軽な気持ちで誹謗中傷する人たちもあとを絶ちません。

炎上リスクを軽減するため、ＳＮＳでの発信には、最大限の配慮が求められます。

こうした社会の中で、人びとの精神性はどうなるか。

とにかく、「怒られないようにしよう」を行動原理にする人が増加していきます。みんな「傷つきたくないから、怒られないようにしよう」と考えて行動している。

そうなると、最終的には「何もしないのがいちばん」という考え方に行き着くのです。なぜなら、何も行動しなければ失敗しないし、炎上もしないから。怒られず、傷つかずにいられるからです。

たとえば、会社に来客があっても、上司から指示されない限り、お茶出しをしないという部下がいます。もし率先してお茶出しをやったなら、お茶の出し方や、コミュニケーションに粗相があって怒られてしまうかもしれないからです。

だったら、「何もしないほうがいい」と考える。それが怒られないためのいちばんの道という考え方が染みついているのです。

それに対して、上司は「常識がない」と嘆くわけですが、これは常識の問題というより、マインドのジェネレーションギャップだと言えます。しかし、ただ「ジェネレーションギャップ」のひと言で片づけられる問題でもありません。

いちばんの問題は、「何もしないのがいちばん」のマインドに染まっていくと、「自己決定感」を失ってしまうことです。

自己決定感とは、自らが主体的に物事を決め、それをできると思える感覚です。つまり自己決定感の欠如とは、自分ひとりで物事を決められない状態。

自己決定感のない人は、常に「指示待ち」のマインドになります。

だから「君はどうしたいの？」と聞かれても、答えに窮してしまうし、SNSでも自分の意見を言うことができません。第4章で詳しくお話ししますが、この自己決定感の喪失は、自己肯定感の構築に大きく関わってきます。

では、どうしたらこの「自分で決められない」マインドから抜け出せるのでしょうか？

そこで重要になるのが、「安心感」です。

こころの土台となる「安心感」

ここで一つ、みなさんに質問があります。

人のからだの中で、もっとも大切なものが何だかわかりますか？


私たちを動かす司令塔である脳でしょうか？

たしかに、これまでにも脳の重要性やおもしろい特性などをたくさんお話ししてきましたね。

それとも外界を知るためのフロントである、目や耳でしょうか？

手足や口でしょうか？　もしくは、この本で何度も出てきている免疫力も、私たちのからだにとって大切な力です。

正解は、そのどれでもなく、**血液です。**

私たちのからだは、血液がなければ動かない。

心臓が働き、血液が流れているから、脳には酸素が運ばれ、正常に働いてくれます。

血液が流れているから、からだのあらゆる器官も正常に動いてくれる。

血液が流れているから、免疫細胞はウイルスや病原菌のもとへ届き、それらを排除したり攻撃したりすることができます。

つまり、血液が人間のからだの要であり、土台となっているのです。


さて、どうしてこんな話をしたのでしょうか?

それは、体内を循環する血液のように、私たちのこころにも「土台」になっているものがあるからです。


こころの土台となっているもの。

――それが「安心感」です。


たとえば、家を建てるとき。まずは土台からつくりはじめます。土台がない、凸凹《でこぼこ》の地面に突然家を建てることはできません。もしも土台が傾いていたり、不備があったりしたならば、家はぐらぐらで、少しの衝撃で崩壊してしまうでしょう。

こころの土台である「安心感」も同じです。

私たちのこころ、とくに自己肯定感は、安心感という土台によって支えられています。

たとえば、「ここにいてもいいんだ」という安心感。

「私は受け入れられている」という安心感。

「誰も私に攻撃してこない」という安心感。

こうした安心感がなければ、どれだけ自己肯定感を育てようとしても、ぐらぐらと不安定なものにしかなりません。

そして、安心感とは、ポジティブシンキングによって手に入るものではないのです。そのポジティブな性格でさえ、安心感に支えられている。すべてのベースは安心感にあるのです。

安心感と心理的安全性の違い

――心理的安全性。

安心感というキーワードに関連して、まっさきにこの言葉を思い浮かべた人も多いのではないでしょうか。

心理的安全性（Psychological Safety）は、近年ビジネス書などでよく取り上げている注目のワード。**自分の言動に対して、拒絶されたり、罰せられたりする不安や恐怖のない状態**のことをいいます。心理的安全性の高い環境では「ここでなら何を言っても大丈夫だ」と思えて、気兼ねなく、自分のありのままの考えや感情を開示できるようになる、というものです。

これは、アメリカの組織行動学者、エイミー・エドモンドソンが提唱した考え方で、Google社のプロジェクトで「成果を出し続けるチームの共通点」の一つにあげられたことで、一般にも広く知られるようになりました。

たしかにこう聞くと、安心感と心理的安全性は近い概念だと感じます。どちらもこころの安心や安全を求めているのですからね。

しかし、この両者は似ているようでいて、大きく異なるものです。

順番に説明していきましょう。

心理的安全性は、外部要因による「安全」の保証です。周囲が用意してくれるものであったり、環境であったり、自分以外の外部が準備してくれるもの。

たとえば、会社で「ここでなら何を発言しても大丈夫」と思える空気。これはチームメンバーや社風などによって醸成された、外部要因による安全です。

もしくは、「この会社に勤めていれば月給が30万円あるから、生活ができる」と思うこと。これも会社によって保証された、外部要因による安全です。

このように心理的安全性とは、外からもたらされた感覚のことを指します。

一方で安心感は、内発的なものです。「安心」の字が示す通り、自分の〝こころ〟の内側から湧いてくるものです。

たとえば、あなたと同じ職場にいながら、一人だけいつでもズケズケと上司に進言する人がいたとします。

彼が自由に発言できるのは、「心理的安全性が高い職場にいるから」ではないでしょう。なぜなら、あなたを含めた他の人たちは発言できていないわけですから。そうだとしたら、彼の進言力は、もっと個人的な安心感のおかげだと言えるでしょう。

つまり、事実として発言できる環境があるのではなく、彼個人が「ここは大丈夫なんだ」という安心感を覚えている、ということです。

言い換えれば、彼が「ここは大丈夫だ」と「解釈」しているだけなのです。

反対に、心理的安全性が整った職場であるにもかかわらず、本人の安心感が足りないため、その職場に満足できないという例もありえます。周囲に相談しても、「恵まれた環境なのに、どうして辞めるんだ」と不思議がられてしまう、というような状況です。**安心感は目に見えないもので、本人のこころの内の問題ですから、うまく言葉で説明ができないこともあります。**

こんなふうに、心理的安全性と安心感は似て非なるものなのです。

安心感を生み出す3つの要素

安心感において大切なのは、客観的な事実（心理的安全性）ではなく、主観的な解釈である。**安心感をつくるのは、よその誰かではなく、あなた自身である。**

この大前提を踏まえたうえで、「安心感のつくり方」を考えてみましょう。

安心感を生み出すためには、3つの大切な要素があります。

（1）こころのシェルターを持つ

1つめは、こころのシェルターを持っておくことです。

自分にとって安心・安全なコミュニティを持つと、安心感は強くなります。あるいは「この人がわかってくれていればいい」と思える、シェルター的な人物でもよいでしょう。

もしもシェルターとなる場所が一つもないと、常に気を張り詰めていなければならず、こころを休めることができません。まわりが敵に見えることも、とてつもない不安に駆られることもある。安心感からかけ離れた日々を送ることになります。


いま、私たちは所属感が得づらい時代に生きています。

会社組織もずいぶん流動的になって、「この会社に勤めていれば大丈夫」とか「この会社の人とは仲間だ」といった強い所属感はなくなっているし、地域のつながりも希薄《きはく》になっています。SNSなどの発達で、コミュニティの数や種類、気軽さが激増した反面、つながりの強いコミュニケーションは減っているように思えます。

だからこそ、「所属感を獲得しよう」という自主性が大切です。受け身の姿勢では、いつまでたっても「自分は仲間に入れているのかな」「仲間って言っていいんだろうか」と不安な気持ちが拭《ぬぐ》えません。

たとえば、趣味の仲間をつくるのもいいですし、習い事を始めてみたり、学生時代の友だちと久しぶりに連絡をとったりするのもいいでしょう。

仲間を求めているのは相手も同じ。きっとあなたのこころを受け入れてくれるはずです。

自ら旗を立てて人を集めるくらいの気持ちで、所属感をつくり出していきましょう。

（2）世界の広さや人生の長さを知る

2つめは、世界の広さや人生の長さを深く理解しておくことです。

2023年3月、14年ぶりの優勝を果たしたＷＢＣ（ワールド・ベースボール・クラシック）での侍ジャパンの活躍を覚えているでしょうか？

その中で、私は最年長のダルビッシュ有選手のインタビューが印象に残っています。

彼は、なかなかヒットが打てていないチームメイトについて聞かれ、「（好不調があることを）気にしていても仕方ないですし、人生のほうが大事ですから。野球ぐらいで落ち込む必要はない」と語っていました。

ほかにも、出演したYouTube動画では「野球って本当に人生の一部なので、その前に人間であることがすごく大事だと思ってるんです」とお話しされていました。

日本では、野球にしろサッカーにしろ、代表選手に対して「日の丸を背負って」「絶対に負けられない戦い」といった言葉が多く聞かれます。選手たちには、常に大きな責任やプレッシャーがのしかかっている。

しかし、ダルビッシュ選手は、大会期間中ずっと、それとは真逆の言葉を発信されていました。

この考え方が、安心感を育むカギなのです。

短い野球人生にとらわれることなく、長い自分の人生を大事にする。野球選手としてよりも、人間として大切なことがたくさんある。

こんなふうに**人生を一側面、一時、一点だけで見ない目線を持ってほしいのです。**

これは私たちの普段の生活にも言えることです。

たとえば、プレゼンで失敗しても「この仕事がとれなくても大丈夫。たかが仕事じゃないか」と思う。

子育ての場面でも「子どもがごはんを食べてくれなくても大丈夫。そういう日があってもいいじゃないか」と思う。

「世界はここだけじゃないし、自分にとって大切なのはこれだけじゃない」

「もしこの一つがダメになっても別の道がある」
「これで人生が終わるわけじゃない」

そんなふうに思える感覚が生まれていくと、肩の力が抜けて、安心感が強まっていきます。反対に、「この仕事がとれなかったら終わりだ……」と思っていると、とたんに追い込まれます。焦り、自己嫌悪、不安、恐怖などの感情がこころを占めるようになる。そんな状態でうまくいくことなんて一つもありません。

失敗を過度に恐れるのは、視野が狭くなっているサイン。世の中全体を見渡すことができず、自分の半径数メートルの範囲で物事を見ているから安心感を失い、失敗が怖くなっているのです。

そんなときは、ひと呼吸おいて、空を見上げてください。

鳥たちの歌声に耳をすまし、そこに流れるゆったりとした時間に身を任せてください。

あなたが生きているのは、この地球の1％にも満たないほどの狭い世界です。

そこから飛び出せば、新しい発見があり、新しい出会いがあります。

新しいあなたが、そこにいます。

別の道を見つけることは、誰にでもできる。

人間の可能性は平等で、無限です。

そして、たとえどんなに大きなミスを犯しても、人生は簡単に終わってはくれません。失敗の後も、ずっと人生は続いていくものです。

そうした経験を積んでいくことで、「別の道もある」「これで人生は終わらない」といった言葉も、自然と実感を伴っていくようになるでしょう。

（3）人を信じる

3つめの要素は、人を信じることです。

いまは人と人との関係が希薄になっているせいか、なかなか他者に頼れず、いつも自分ひとりでなんとかしようとしている人が多いなと感じます。自分の力で物事に立ち向かおうと努力する姿勢は素晴らしいものですが、そのせいでまわりから差し伸べられる手さえも見えなくなっている人もいる。

そして、そうやって真面目にがんばる人ほど、追い込まれやすく、こころの調子を崩しやすいものです。

誰の手も借りず、すべて独力で解決しようとすること。

じつは、これも安心感が足りていない人特有の行動です。周囲に頼ることを「弱さ」や「甘え」の表れだと考え、そんなことをしたら自分の評価が下がってしまうと怯えているんですね。

大丈夫。もっともっと、人を頼ってもいいんです。

人間は、頼ったり頼られたりしながら生きていく、社会的な生きものです。頼ることは悪いことではありません。

私も、仕事が詰まったりして、ストレスが溜まっているなと感じるときには、すぐにまわりの人を頼らせてもらっています。

たとえば、「ここまで終わったら3日間温泉に行くね！」と宣言して、その間の仕事はメンバーに任せたり。「こっちの仕事があって、これはできないからお願いね」とはっきり伝えることもあります。そう言葉にすることで、私自身も仕事と距離を置いて、区切りをつけることができるし、周囲もそれに応えてくれます。

もちろんその分、頼ってもらえたときには存分にがんばろうとも思うのです。

自分ひとりでダメなら、誰かを頼っていいのです。助けてくれる人は、まわりに必ずいますから。もう少し、まわりの人の優しさを信じて、頼ってみてください。

「頼ってもいいんだ」と気づけたら、もっと安心して生きていけるようになるはずです。

安心感を育てるために大切な要素を3つ、ご紹介しました。

安心感は自分の内面から湧いてくるもの。なかなかすぐに獲得できる感覚ではないかもしれません。焦らず、一歩一歩。日々の生活の中でゆっくり育んでいきましょう。

安心感を育む2つのサプリメント

第2章で、自己肯定感を上げる最強のサプリメントとして「ありがとう」の口ぐせを紹介しましたね。「ありがとう」と口に出せば出すほど自己肯定感が上がっていく、というものでした。

もちろん、安心感に関しても、同じようなサプリメントがあります。ここでは、安心感を高めてくれる口ぐせを2つお伝えしたいと思います。

(1)「知ってる」

注射を打つのが怖いという人はどれくらいいらっしゃるでしょうか?

注射は痛いし、針が刺さってくる様子が見えるのも相まって、大人になっても苦手だという人は多いです。子どもなら、泣き叫んでしまうこともめずらしくありません。

そういう人には、**「知ってる。注射が痛いのは知ってる。」**と口に出してみてほしいのです。泣きそうな子どもの隣では、「ほら注射、知ってるでしょ? ドキドキしてるね。痛いの知ってるもんね」とずっと声をかけてあげてください。

そうすると、「思ったよりも痛くなかった」という感想になるんです。不思議なことに、私がカウンセリングをしてきた中では、小さな子どもから大人まで、全員にこの効果がありました。

その理由は、痛いとか怖いという感情を認めて、すでにわかっているという感覚を持つことで、からだが弛緩《しかん》するからです。するとと、針がスッと刺さるようになったり、痛みが弱まったりします。だから、「思ったよりも大丈夫だった」と感じるのです。

逆に、「怖い!」とだけ思っているときは、からだがこわばります。ギュッと目をつぶってしまうときのからだを想像するとわかりやすいでしょう。からだがこわばってしまうと、痛みは増し、どっと疲れが出ます。

もう一つ、例をご紹介しましょう。

私のクライアントさんだったあるフィギュアスケート選手は、いつもジャンプで転んでしまい、結果が出せず悩んでいました。

彼女にも私は、「本番前に『私はジャンプが苦手って知ってる』、『私は大会で転ぶと知ってる』と唱えてください」とアドバイスをしたんです。

この口ぐせを身につけてから彼女は、本番でのジャンプの成功率が劇的に上がりました。

「自分はジャンプが苦手だ」と言い聞かせるなんて、ポジティブシンキングとは正反対のアプローチです。それなのに、なぜ成功率が上がったのか。

ポイントは、**「不安のコントロール」**です。

「また転ぶかもしれない……」と強い不安を抱えたままジャンプすれば、当然、こころもからだも緊張して、うまくいきません。

そこで、自分の苦手分野を認めて、そういう自分を「知ってる」と宣言する。

そうすると、すべてが「知っていること」、つまり「自分でコントロールできること」になり、不安や緊張が吹き飛んでいくのです。

物事をポジティブに考えるのではなく、ネガティブに考えるのでもなく、ありのままに受け入れる。**いまの自分の状態をそのまま受け入れる。それが「知ってる」の口ぐせ**です。

たとえば、会社のプレゼン直前で、手が震えるくらい緊張しているとき。「プレゼンで緊張するのは知ってる」と唱えてみてください。だんだん肩の力が抜けて、「失敗したらどうしよう」という恐怖を克服できるはずです。

あるいは、試験当日や手術当日。不安を感じたときには、「その不安知ってる、知ってる」と自分で声に出して、不安を受けとめてあげましょう。

「知ってる」の言葉が、私たちに安心感を与えてくれます。

(2)「いいんだよ」

先ほどの「知ってる」からもわかる通り、安心感をもたらす口ぐせとは、自分を励ます言葉ではありません。

「がんばれ!」とか「元気出して!」とか「やればできる!」といった励ましの言葉は、ポジティブシンキング型のもの。それで鼓舞されることもありますが、自分を追い込んだり、余計な焦りを生んだりする副作用もあります。

一方で、**安心感をもたらす口ぐせは、緊張した自分をなだめる言葉。**カチカチに固まった自分の筋肉をマッサージしてあげるような言葉です。

失敗した自分をなだめる。

不安でいっぱいの自分をなだめる。

追い込まれた自分をなだめる。

そんな言葉が安心感をもたらしてくれるのです。

そこで紹介したいもう一つの口ぐせが「いいんだよ」です。

たとえば、不安だらけのときにも、「不安を感じていいんだよ」。

転職するかどうか迷っているときにも「迷っていいんだよ」。

仕事で大きなミスをしたときにも「ミスをしたっていいんだよ」。

泣きたくなったときには「泣いたっていいんだよ」。

こうやって、自分のこころに浮かぶすべての感情に対して「いいんだよ」のOKサインを出してあげましょう。自分で自分に許可を与えていくのです。

前にもお話ししたように、**脳は「誰が言ったか」を認識しません。あなたが口にした「いいんだよ」を、そのまま素直に受けとめてくれるのが私たちの脳なのです。**

いろんな場面で「いいんだよ」の口ぐせを使っていけば、「ありのままの自分でいいんだ」「ここにいてもいいんだ」「自分には価値があるんだ」という安心感が育まれていきます。

安心感が運んでくれる追い風

本章ではここまで、私たちの自己肯定感の土台となってくれる「安心感」についてお話ししてきました。安心感が必要な理由、安心感を育てるために大切な要素、そして安心感を育む口ぐせ。いずれも理解していただけたのではないかと思います。

そこで最後に、**「安心感があれば人生はどう変わるのか」**についてお話しして、この章を締めくくりたいと思います。

いま、若い世代の間に「何もしない人」が増えていることはお話ししましたね。

「とにかく怒られないように」が行動原理になっているため、**余計なことは何もしないほうがいいというマインドになっている。**率先して何かをするということがなく、指示待ち人間になっているのです。

これが習い性になると、こころの中から「自己決定感」が失われていきます。「自分の仕事や人生は自分で決められるものだ」という感覚がなくなり、周囲に流されるばかりの人間になっていく。

なぜ「とにかく怒られないように」が行動原理になってしまうのか。

そのキーワードこそ、安心感でした。自分のこころに安心感が欠けているから、いつも「怒られるんじゃないか」「笑われるんじゃないか」「よくない評価を受けるんじゃないか」と不安が湧いてきてしまう。

逆に言うと、**こころに安心感さえあれば、「する人」になります。**仕事だって、転職だって、恋愛だって、習い事だって、なんでも自分から「する人」になれる。自分で決められる人になれるのです。

その理由は、失敗が怖くなくなるから。

たとえば、あなたの仕事が忙しく、やりがいも「あまり感じられていない」としましょう。このとき、こころの安心感が損なわれていると、何も行動できません。

転職しようにも、

「転職先が見つからなかったらどうしよう」

「転職しても、もっとやりがいがなかったらどうしよう」

「転職先がブラックな企業だったらどうしよう」

とさまざまな不安に駆られ、「何もしない」を選んでしまうでしょう。

何もしないままでは状況が改善されることはありません。ますますつらくなる一方です。**ところが、こころに「何があっても大丈夫」という安心感があると、失敗を恐れることがない。**積極的に転職先を探し、仕事の合間を縫ってでも転職活動に励み、より自分に合った職場を見つけることができるでしょう。

このように、**こころに安心感があれば、「何もしない」という選択肢がなくなるのです。**それは、自分の人生を、自分で選んでいくことにつながります。人生の充実度は「何もしない人」に比べ、段違いに高くなっていくはずです。

もう一つ、安心感がもたらす効果があります。

それは、環境に左右されず、自分らしく、のびのびとふるまえるようになること。

安心感があれば、自分の本心を隠さなくていいと思えるし、必要以上に周囲の目を気にしなくなります。だから、たとえば転校しても、会社に入っても、転職しても、結婚しても、ありのままの自分でいられるのです。

素の自分でいられることは、ストレスがありません。プレッシャーを感じたり、他人との比較に悩むこともなくなります。常に自由にふるまえるようになれば、いつも自分にとって最高のパフォーマンスができるようになります。

――どこにいっても大丈夫。

そう思える人生って、すごいことだと思いませんか？

幸せの土台には、自己肯定感がある。そして自己肯定感の土台には、安心感がある。さらに、自己肯定感も安心感も、毎日のちょっとした口ぐせで育てていくことができる。

なにも難しく考える必要はありません。自己肯定感とセットで身につけるべき安心感。ぜひ日々の口ぐせを通じて育てていってください。

第4章

自己肯定感のメカニズム

この章でわかること

○自己肯定感は「6つの要素」で構成されている

①自尊感情（BE）――生まれながらに尊重されるべき、人間としての価値

②自己受容感（OK）――自分の長所と短所を両方とも受け入れる感情

③自己効力感（CAN）――自分の能力や可能性を信じる感情

④自己信頼感（TRUST）――自分を信じて、自分を頼りにする感情

⑤自己決定感（CHOOSE）――自分の人生を自分で決めていこうとする感情

⑥自己有用感（ABLE）――自分は誰かの役に立ち、貢献できていると思える感情

自己肯定感とは何か

ここまで私は自己肯定感のことを、「こころの免疫力」だと説明してきました。こころが傷を負ったとき、その傷を癒やしてくれるもの。こころが風邪を引いてしまわないよう、予防してくれるもの。そして本来、誰もが持っているもので、ちょっとした習慣（口ぐせ）によって取り戻すことができるのだと。

もちろんこれだけの説明で十分だとも言えるのですが、自己肯定感の正体について、もっと詳しく知りたい人も多いのではないかと思います。

そこで本章では、私たちが幸せな人生を送るうえで欠かせない自己肯定感を、6つの観点から説明していきたいと思います。

理論を知ったうえで、「口ぐせ」を実践する。そうすれば、より効果的に自己肯定感を高めていくことができるでしょう。

自己肯定感を構成する6つの〝感〟

「自己肯定感」という言葉は、もともと、心理学用語である「セルフ・エスティーム（self-esteem）」の訳語として使われたのが始まりです。

この分野の第一人者である、アメリカの心理学者、ウィル・シュッツは、セルフ・エスティームについて「自分としても誇りに思い、他者からも十分に認められるであろうという自負心・自尊心」と説明しています。

また、日本の心理学者の中には、自己肯定感を「自己に対して肯定的で、好ましく思うような態度や感情」と定義する人もいます。

たしかに、これらの定義は、「自己肯定感とは何か」を説明するのに十分な言葉です。

しかし、自己肯定感が何によって成立し、どうすれば手に入れることができるかという点に関して言うと、やや物足りないところがある。

そこで私は、国内外のさまざまな文献を読みあさり、実際のカウンセリングをくり返していく中で、自己肯定感を構成する要素を次の6つに分類し、それぞれアプローチしていくようになりました。

❶自尊感情
❷自己受容感
❸自己効力感
❹自己信頼感
❺自己決定感
❻自己有用感

これらは互いにつながり合って、自己肯定感という「こころの免疫力」を支えてくれています。

一つでも欠けたら自己肯定感は構築されないし、6つのバランスが歪んでも自己肯定感は安定しないでしょう。どれも等しく大切な〝感〟なのです。

ここからは、一つひとつの〝感〟について、詳しく説明していきます。

まずは「自尊感情」を整える

1つめの〝感〟は**「自尊感情」**。自尊感情を理解するためのキーワードは**「BE」**です。

まずはこの「BE」から説明していきましょう。

英語の「be 動詞」を覚えていますか?「My name is Teru.」とか、「You are beautiful.」とか。これら be 動詞の大本になるかたちが BE です。

これは「存在動詞」とも呼ばれる、存在や状態を表す動詞。日本語では「ある」や「いる」が、存在動詞に当たります。

たとえば、ビートルズの名曲「Let it be」には「あるがままに(進んでいこう)」といった訳詞が当てられています。

私は、自尊感情を説明するとき、いつも「BE」をイメージするんです。**私という人間が、あるがままに、ただそこに存在しているだけで、価値があると思えている状態。**地位や名誉や能力に関係なく、生まれながらにして持っている価値。

これは、「基本的人権」に近い考え方かもしれません。

基本的人権とは、人間が生まれながらにして持っている、誰からも侵されることのない権利のこと。赤ちゃんであろうと、バリバリに働く大人であろうと、リタイアされた高齢者であろうと、みんなが等しく持っている権利です。

この基本的人権が示すように、私たちは生まれながらにして、人間として尊重されるべき価値を持っています。

仕事ができるとかできないとか、容姿が優れているとかいないとか、そんなことは関係ありません。生まれながらにして、すべての人間に固有の価値があるのです。

あなたはもっと、自分を尊重する「自尊感情」を持っていいのです。なんの条件もつけ加えることなく。

ところが日本には、この自尊感情をうまく持てない人がとても多い。

それを示すデータをご紹介しましょう。

平成30年度、内閣府は13歳から29歳までの若者を対象にして、自己に関する意識調査を行っています（我が国と諸外国の若者の意識に関する調査）。実施国は、日本、韓国、アメリカ、イギリス、ドイツ、フランス、スウェーデンの7ヶ国。

この中で、「自分自身に満足している」と答えた日本人はたったの10・4％。「どちらかと言えば満足している」と答えた人も34・7%にとどまり、満足している人の割合は45%ほどでした。

対する諸外国では、「満足」「どちらかと言えば満足」を合わせた回答率が、すべての国で70%を超えていました。もっとも高いアメリカでは、86・9%の若者が、自分自身に満足していると答えています。

それ以外で見ても、「自分には長所があると感じている」と答えた人も16・3%で日本が最下位、「自分自身について誇りを持っていますか」の質問でも、全項目（明るさ、優しさ、忍耐力、容姿など全10項目）で最低の割合でした。

日本の若者の自尊感情が極めて低いことが、はっきりと示されています。

これは、若者を対象にした調査ですが、若者は大人の背中を見ているものですし、社会の風潮をよく感じ取っているものです。そう考えると、日本では大人も「自分自身に満足できていない」人が多いのではないかと容易に想像できる結果です。

日本の若者の自尊感情が極めて低いことが明らかに

❶ 私は、自分自身に満足している

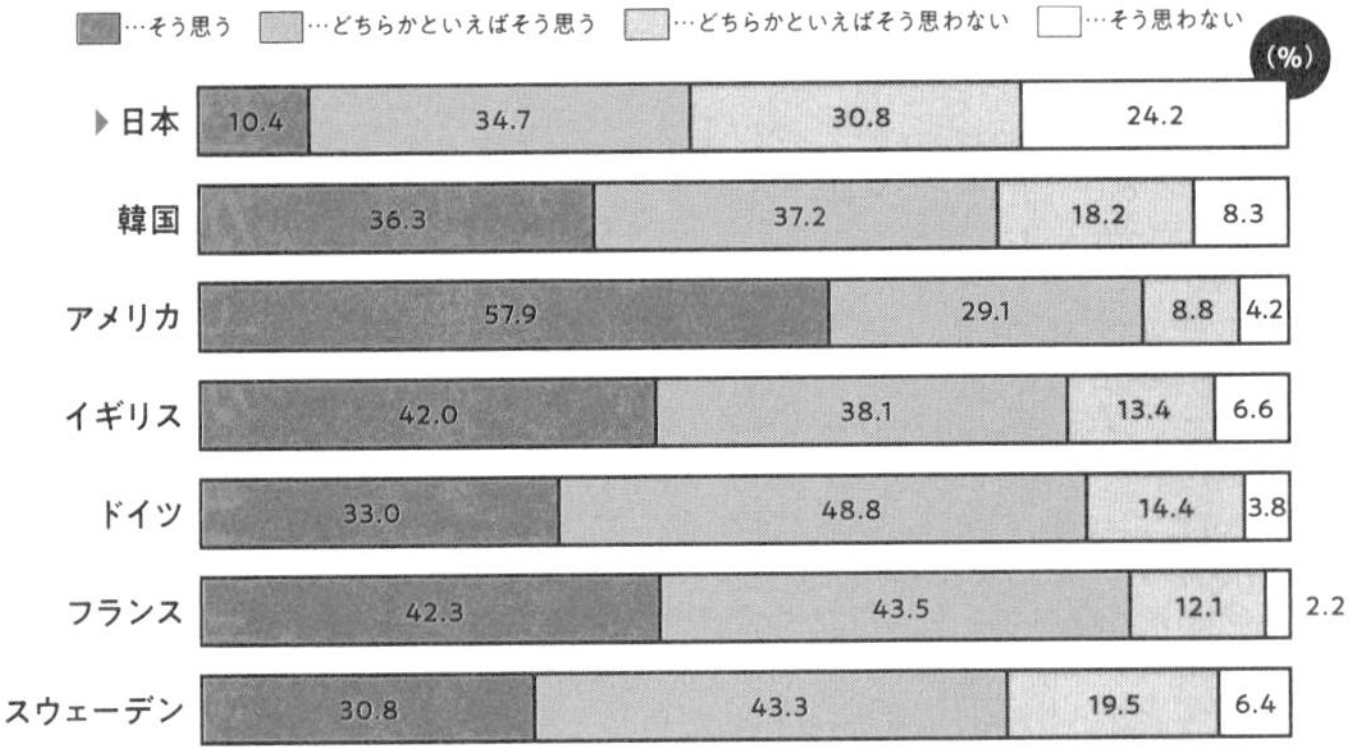

❷ 自分には長所があると感じている

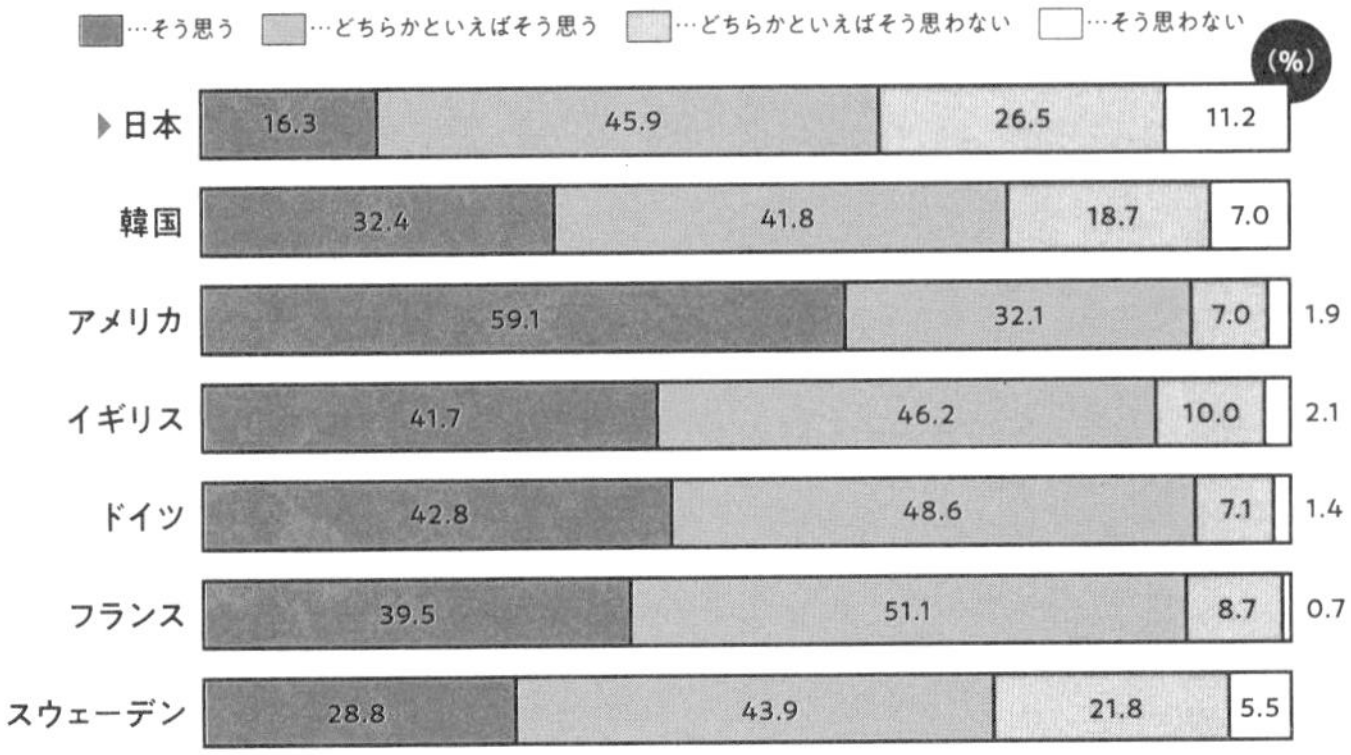

（内閣府【我が国と諸外国の若者の意識に関する調査（平成30年度）】第2部P8をもとに作成）

「自尊感情」が上がるステップ

いまのあなたの自尊感情の状態はどうなっているでしょうか？

これは、簡単にチェックすることができます。

ポイントは、朝起きて鏡を見たときに浮かんでくる言葉です。

朝イチの言葉で自尊感情をチェックする

朝起きてすぐは、何もしていない、まっさらな状態の自分です。だから自分自身の存在について、潜在的に思っていることが反映されるのです。

たとえば、「今日もいい感じ！」「顔色がいいかも！」と肯定的な側面を見ることができているなら、自分の存在を認められているサイン。

反対に「疲れてるな」「会社（学校）行きたくないな」と否定的な感情が湧き上がるようなら、自尊感情が低下しているサインです。

そんなときは、口ぐせの力を借りて、自尊感情を取り戻していきましょう。

「このままで大丈夫！」「私は私！」「今日もイケてる！」と鏡の中の自分に語りかけてみてください。これを毎日の習慣にしていくことで、自尊感情が高い状態をキープできるようになります。

「自尊感情」は自己肯定感の基礎

自尊感情が高いとは、いつも「私には価値がある」と思えたり、自分自身を誇りに思える状態です。

そう思えると、どうなるか。

他人と比べる必要がなくなります。

誰かをうらやましく思ったり、人と自分の能力やスペック、持ち物などを比較して、苦しんだりすることがない。だから素直に人を褒めたり、応援したりすることができる。人間関係も良好になります。

いつも、こころが満たされた状態で、幸せに生きることができるのです。

反対に、自尊感情が低くなっていると、自分の存在価値がわからなくなり、「誰かから認められたい」という承認欲求が強くなります。

たとえば、SNSで「いいね」がほしい、フォロワー数を伸ばしたい、と数字にこだわるのは、まさにこの状況。他者との比較がくせになっていて、わかりやすいバロメーターに一喜一憂してしまう。何をしても、こころが満たされない毎日です。

そうした状況は、こころを不安定にさせ、傷つきやすくネガティブな思考に陥らせます。それが原因で、人間関係のトラブルを引き起こすかもしれません。

自尊感情は、自己肯定感の基礎になる第一の〝感〟です。

自尊感情が揺らぐことがなければ、自己肯定感もブレずに、頑丈なものになっていきます。

3つの口ぐせ習慣で「自尊感情」を高める

1. 「このままで大丈夫!」
2. 「私（俺）は私（俺）!」
3. 「今日もイケてる!」

「自己受容感」が上がるステップ

自己受容感とは、自分のポジティブな面もネガティブな面も受け入れられる（受容できる）感覚のこと。**キーワードは「OK」です。長所も短所も含めて、「これが自分なんだ」「これでOKなんだ」と思える感覚を言います。**

小さなことでクヨクヨしない

なぜ、この自己受容感が必要なのでしょうか？

とくに「自分のネガティブな面も受け入れる」という部分には、首を傾げる人も多いのではないかと思います。勉強で言えば、苦手科目をそのままにして、「これでOK！」と言っているようなものです。

先に説明した自尊感情は、私たちが生まれながらに持つ価値に関わるものでした。自分がどんな人間であろうと、人間であるというそれだけの理由で、尊重されるべき存在なんだ。これは自己肯定感の根幹を成す感情です。

一方、自己受容感はもう少し「こんな私」や「あんな私」を知ったうえで、自分をまるごと受け入れていく感覚です。

「友だちに優しい私」もいるでしょうし、「時間にルーズな私」もいるかもしれません。

仕事がうまくいった日もあれば、大きなミスをしてしまう日だってあるでしょう。

そういうポジティブな面とネガティブな面の両方を直視したうえで、自分にＯＫサインを出していく。**つまり、自尊感情が「人間としての私」にフォーカスしていたのに対し、「個人としての私」にフォーカスするのが自己受容感だとすることができます。**

この自己受容感を持っていると、失敗やストレスに強くなります。

たとえ、うまくいかないことが起こっても、

「これも含めて自分なんだ」

「たった一つの失敗でクヨクヨすることはない」

と思えるようになります。

なぜなら、自分のよいところも悪いところも、すでに知っているからです。

肝心なところでミスをしてしまう自分や、詰めが甘い自分も知っているからです。

そして「そういう自分」をまるごと受け入れ、OKサインを出せているからです。

さて、こうした失敗やストレスへの耐性のことを、心理学の世界では**「レジリエンス」**といいます。

レジリエンスとは、社会的に不利な立場や状況に追い込まれたり、極度のストレスにさらされたりしたときに、それを乗り越える力のことです。

たとえば、たった一度の失敗で「もうおしまいだ」と、どん底まで落ち込んでしまう人。これは性格の問題というより、レジリエンスの低さに原因があるのです。

受験に失敗しようと、就活で失敗しようと、恋愛で失敗しようと、別にこの世の終わりではありません。何が起きても明日はやってくるし、人生は続くのです。

自己受容感とそれに基づくレジリエンスは、失敗しないためではなく、失敗を乗り越えるためにあるのです。

自分を好きになる

よくも悪くも、私たちは、人生の苦手科目をゼロにすることはできません。一つの苦手を克服しても、別の苦手が気になるし、それを克服しても、また別の苦手に悩まされるのが人間の心理です。

実際、アメリカ国立科学財団（National Science Foundation）によると、人間は一日に1万2000回から6万回の思考（考えごと）を行っています。そして、そのうちの80％、およそ9千600回から4万8000回はネガティブな思考をしているそう。

つまり、もしも「自分のよいところしか受け入れられない」とすれば、思考のうちのたった20％しか受け入れられないことになってしまいます。それでは自己受容ができているとは言えません。

悪い自分、嫌いな自分、ダメな自分、ネガティブな自分もすべて受け入れる。それこそが本当の自己受容感であり、自己肯定感にとって大切な姿勢なのです。

もしあなたが、「どうしてあんなことをしてしまったんだろう」とクヨクヨしたり、「嫌われたらどうしよう」と過度に人の目を気にしてしまうとしたら、自己受容感が低くなっているサインです。

まずは、「とりあえずOK！」だったり、「ま、いっか！」「大丈夫、大丈夫」などの口ぐせを積極的に使って、自己受容感を少しずつ高めていきましょう。

また、第3章で紹介した**「知ってる」**という口ぐせも、自己受容感を育んでくれます。

「知ってる」は、ただありのままの自分を受け入れる口ぐせ。

よくないことが起きたときには、「うん。知ってる、知ってる」「大丈夫。わかってるもん」と口に出していきましょう。

誰だって、自分を好きになるのは難しいものです。

だったら、**いきなり「好き」を目指さず、まずは「嫌いじゃない」を目指してみませんか？**

自己受容感とはまさに、「こんな自分も悪くないな。嫌いじゃないないな」と受け入れていく感覚です。口ぐせを頼りに、ぜひ自己受容感を高めていきましょう。


3つの口ぐせ習慣で「自己受容感」を高める

1. 「とりあえずＯＫ！」
2. 「ま、いっか！」
3. 「知ってる。知ってる」

「自己効力感」が上がるステップ

3つめの〝感〟は**「自己効力感」**。自己効力感を理解するためのキーワードは**「CAN」**です。

「CAN」は、可能を表す助動詞。「I can do it.（私にはできる）」というように、**自分は何かを成し遂げられると思える感覚が、自己効力感です。**

「困難」と向き合える自分

たとえば、はじめてのプロジェクトリーダーを任されたとき。

あなたは「どうしよう、自分にこの役が務まるのかな。期待を裏切らずにやれるのかな」と不安に思うでしょうか？

それとも、「よし！　任されたからには絶対成功させるぞ！　私にならきっとできる！」と成功する図をイメージするでしょうか？

イメージは現実を変える力を持っています。強く鮮明に思い描くほど、実現する可能性は上がっていく。ですから、実際にプロジェクトを成功に導く可能性が高いのは、後者の思いを抱いたときで間違いないでしょう。

これこそが自己効力感のパワーです。「できる」と思える自己効力感は、成功を引き寄せてくれるのです。

たとえどんなに困難なことでも、右も左もわからない未知のことを前にしても、「できるかもしれない」と根拠のない自信が湧いてくる。

「こうしたらどうだろう」

「こうしたらうまくいくんじゃないか」

とたくさんのアイデアが浮かび、チャレンジ自体を楽しめる。

それが、自己効力感が高い状態です。

反対に自己効力感が下がっていると、チャレンジの前におじけづいてしまいます。

「どうせ自分にはできないだろう」「できなかったらどうしよう」など後ろ向きな感情でいっぱいになる。

しだいに、「できっこないのに、なんでやらなくちゃいけないんだ」とか、「できなかったら評価が下がるのにやりたくないよ」と、チャレンジや行動自体を避けはじめることになります。

スモールステップで効力感を育む

「自己効力感」は、どうしたら高められるのか。

そのカギは、**「スモールステップの原理」**にあります。

スモールステップの原理は、アメリカの心理学者、バラス・スキナーが提唱した考え方で、達成したいゴールに向けて行うべきことを、小さなステップに分けることを言います。

スモールステップに分けることで、一つずつの行程を確実にこなすことができ、達成率が上昇します。さらには、一つの小さなステップをクリアするごとに「できた！」という達成感を得ることができて、モチベーションが持続する。

この「できた！」という成功体験の積み重ねが、もっと大きな目標を前にしたときにも「自分にならできるかもしれない！」と思える根拠のない自信、つまり自己効力感を形づくってくれます。

しかし、最初から大きなステップを掲げてしまうと、まずうまくいきません。

あまりに高い壁を見上げていると、「自分にはどうせムリだ」という声が頭に響くようになって、足が踏み出せなくなるでしょう。

達成する喜びや、やり遂げた感動、自分の成長などをなかなか感じることができないせいで、途中でこころが折れてしまうこともある。

そのうち、行動する気力そのものが失われていくことになります。

自己効力感に関して、一つだけ注意してほしいことがあります。自己効力感は、「できた！」という成功体験の積み重ねによってつくられていく力。つまり、経験によって蓄積されていく力です。ただし、ここでの経験とは「決まった仕事」や「決まったやり方」に限定されるものではありません。

たとえば、東京でたくさんの経験を重ね、自己効力感を高めていった人が関西に転勤する。このとき「関西のことなんて全然わからない。自分にはムリだ」と塞ぎ込んでほしくないのです。

転勤先が関西であろうと、九州であろうと、海外であろうと、これまで築いてきた「できる！」をそのまま持っていく。経験があろうとなかろうと「できる！」と信じる。

その気持ちが自分をアップデートさせ、新しいフィールドにも活路を開いてくれます。

そんな本質的な自己効力感を育むには、「できる、できる」という口ぐせがおすすめです。直接的な言葉ですから、覚えやすいでしょう。

どんなことを前にしても、「できる、できる、できる」とくり返し言ってみてください。もしくは、朝起きたときや、鏡をのぞいたときなどに、「今日もうまくいく!」「私にはできる!」とアファメーションを行うのもよいでしょう。

そうやって自己効力感を高めていけば、チャレンジが後押しされ、成功を引き寄せられる。人生に対して、アクティブに、前のめりになっていけるはずです。


3つの口ぐせ習慣で「自己効力感」を高める

1. 「私にはできる!」
2. 「今日も全部うまくいく!」
3. 「できる。できる。できる」

「自己信頼感」が上がるステップ

4つめの〝感〟は「自己信頼感」。自己信頼感を理解するためのキーワードは「TRUST」です。「TRUST」とは「信頼」のこと。**自分自身を信じられる感覚が、自己信頼感です。**「自信」と言い換えたほうが、パッとイメージしやすいかもしれませんね。

自分自身を信じられる力

先ほど見た自己効力感は、「私ならできる！」と自分の能力や可能性を信じる力を指していました。それに対して、**自己信頼感は「未来の自分を信じて、その力を頼りにする」というあたりが、いちばん近い感覚かもしれません。**

たとえば、難しそうな仕事を任されたときに「私にはできる！」と考えるのが自己効力感。

一方で自己信頼感とは、難しそうな仕事を前にして、

「私ならきっとやってくれる！」と（未来の）自分を頼りにする感覚です。

みなさんのまわりにもいませんか？

「うん、残りは来週の私ががんばってくれる！」と言って早めに仕事を切り上げたり、「やりはじめればどうにかなる！」と大役に立候補したりする人が。そういう人たちはみんな、高い自己信頼感の持ち主だと言えるでしょう。

では、反対に自己信頼感が低いとどうなってしまうでしょうか？

自分を信頼できていないのですから、なかなか新しいことにチャレンジできません。**やる前から、「どうせムリに決まっている」「きっと失敗するはずだ」と可能性にフタをして、結局、何もしない人になってしまいます。**

さらに、自分のことを信頼できていない分、他者の言動に左右されがちです。

「あの人がこう言ったから」とか「世間ではこれが流行っているから」といった理由で動いてしまう。

逆に言うと、世間の流行に関係なく、自分の好きなファッションを選んでいたり、自分の好きな趣味を貫いたり、世間で酷評されている作品を大好きになったりできるのは、自己信頼感が高い証拠だと言えます。自分の軸を持ち、自分の人生を生きている。そんなイメージです。

私が敬愛するアメリカの哲学者・思想家であるラルフ・ウォルドー・エマソンは、『自己信頼（Self-Reliance）』というエッセーを著しています。

これはドイツの哲学者、ニーチェや、日本の啓蒙思想家である福沢諭吉、最近では第44代アメリカ大統領のバラク・オバマにも影響を与えた一冊です。この本で、エマソンはこんな言葉を記しています。

――自分自身に従順であれ。

自分に従順であるということは、自分の価値観に従うという意味です。これは、自分の価値観や自分という人間への信頼がなければできない行為でしょう。

自分を信頼し、自分なりの価値軸を持って生きることで、自分で自分の人生を動かすことができるようになります。それは、自分にとって違和感のない豊かな人生を生きることを意味します。

よりよい口ぐせを自分に問いかける

自己信頼感を高めるためには、ネガティブな思い込みを手放していくことが必要になります。自己信頼感が下がっているとき、たとえば「自分にはこの仕事ができそうにないな」と思ったり、「上司に提出した書類に返事がない、なにか間違っていたんだ」などと考えるようになります。そんな不安は、すべて自分自身の「思い込み」から来る感情です。

「できるのかできないのか」「上司が書類をどう思ったのか」

その事実はまだわかっていない。それなのに、自分でネガティブな解釈をして、どんどん不安を増大させてしまっているのです。そうしたネガティブな思い込みを手放すためには、**「かもしれない」という「脱フュージョン」の口ぐせを使うのがよいでしょう。**

「できそうにない」と思ったら「かもしれない」とつけ足す。

「間違っていたんだ」と思っても「かもしれない」とつけ足す。

脱フュージョンは、ネガティブな感情と距離を置き、物事を客観的に捉えるための心理学のテクニックです。

脱フュージョンの口ぐせを積極的に使っていけば、だんだんとネガティブな思い込みから解放され、小さなことに執着するような不安を取り除くことができます。

そうしたら、こんどは「どうにかなる！」とか「大丈夫！」といった肯定語の口ぐせをたくさん使っていきましょう。

すると、こころが自分を信じられる状態へと回復していくはずです。

もう一つ、エマソンの言葉をご紹介しましょう。

彼は、不遇《ふぐう》の若年時代を経ながらも、人生を通じて自分の信念を貫きました。そして、自らの信念を世に発信するという夢を実現させたのです。

――根拠のない自信こそが絶対的な自信である。


3つの口ぐせ習慣で「自己信頼感」を高める

1. 「私ならできる！」
2. 「私はやってくれる！」
3. 「どうにかなる！」

「自己決定感」が上がるステップ

5つめの〝感〟は**「自己決定感」**。自己決定感を理解するためのキーワードは**「CHOOSE」**です。

「CHOOSE」は「選ぶ」「決める」といった意味を持つ動詞。その意味が表す通り、**自己決定感とは、「自分で選択したり、決定したりすることができる」という感覚を指します。**

自分で決めることが大切なわけ

人生の幸福度は、自分でコントロールできている感覚に比例するといわれています。

誰かの言いなりになるのではなく、「自分で決めた！」と思える道を歩き、それが成長につながっているという実感を持ったとき、人はもっとも幸福を感じるのです。このことは、２０１８年に神戸大学が約2万人を対象に行った調査でも証明されています。

神戸大学を中心とする研究グループでは、全国の20歳以上、70歳未満の男女約2万人に対して、大規模アンケートを実施。個々人の持つ「幸福感」と、①所得、②学歴、③健康、④人間関係、⑤自己決定の関係について調査しました。

ふつうに考えると、所得が多かったり、学歴が高かったりするほど、幸福感も向上しそうです。

ところが、調査の結果、**所得や学歴以上に「自己決定」の度合いが私たちの幸福感を左右すると明らかになったのです。**

ここで確認した自己決定の要素は「高校進学」と「大学進学」、そして「はじめての就職」の3つ。これらを「自分で決めた」と言える人ほど、人生における幸福感が高い。それが、この調査で明らかになった事実でした。

いったいなぜ、自分で決めることが大切なのでしょうか?

たとえばここに、大学生のAさんとBさんがいるとします。

就活にあたり、Aさんは自己分析をくり返して希望の業種を定め、懸命な就職活動ののち、見事第一志望の企業から内定をもらいました。一方、Bさんは自分で深く考えようとせず、両親や就職課の先生に言われるまま、無難な企業から内定をもらいました。

さて、これで4月から「さあがんばるぞ!」と思えるのは、どちらでしょうか?

もちろんAさんです。自分で決め、自分で勝ちとった就職先です。やる気が出るのは当然ですし、自己肯定感だって高まっているでしょう。一方、人に言われるまま就職先を決めたBさんの場合、「決めた」というより「決まった」や「決められた」が正直な実感でしょう。積極的なやる気が起きづらいのはもちろんのこと、自分の人生であって自分の人生でないような、どこか足元がフワフワした感覚が拭えないでしょう。

これは進学先や就職先に限らず、さまざまな場面について言えることです。

あなたは友だちと食事に行くとき、「なに食べたい？」と聞かれて、しっかり自分の希望を伝えていますか？

まわりのみんなに合わせるほうがラクだと思っていませんか？

それをくり返す中で、何も決められない人になっていませんか？

しかも、神戸大学の研究結果が示すように、**自己決定の度合いが低い人は、幸福感も低くなります。その結果、「いまの自分がこんなに不幸せなのは、自分の進路を決めたあの人（親や先生、上司など）のせいだ」と他責的な発想をするようになるのです。**

これは精神衛生的に見ても、口ぐせの面から考えても、とてもよくない兆候と言わざるを得ません。

これに対して、人生のさまざまな場面で自己決定をくり返している人は、たとえ失敗しても「選び直すことができる」ことを知っています。

間違った道に進んでしまったら、もう一度別の道を選び直せばいい。もう一度、自己決定を重ねればいいだけなのです。失敗を恐れる必要は、まったくありません。

「自己決定感」がモチベーションを左右する

自己決定感が大切なのは、それがモチベーションにも関わる感覚だからです。

心理学の世界では、モチベーションを**「内発的動機づけ」**と**「外発的動機づけ」**の2つに分けて考えます。内発的動機づけは、「自分が好きだから」「自分が楽しいからやる」といった自らが主体的に選んで活動している状態のこと。

たとえば受験勉強でも「自分がこの大学に行きたいから」という内発的動機づけがあると、高いモチベーションを維持することができます。

それで成績が上がったり、合格することができれば、勉強自体を楽しむ気持ちだって生まれるでしょう。

一方で外発的動機づけは、「人にやれと言われたから」「やったらご褒美がもらえるから」といった、外部から与えられた条件のために活動している状態を言います。

同じく受験の場合で考えてみると、受験勉強をしている事実は内発的動機づけと変わりませんが、モチベーションは低くなります。

楽しむ気持ちよりも義務感が強くなり、潜在意識には勉強に対する嫌悪感が植えつけられてしまうでしょう。

つまり、どんなことであっても、自分で決めるからこそ内発的な動機づけが生まれ、楽しみながら継続的に努力することができるのです。

ところで、自己決定感を高めるカギは**「安心感」**です。

安心感が高まれば、失敗を恐れなくなり、自分で決められるようになる。「何もしない人」から、「する人」になれるのだとお話ししました。

ですから、自己決定感を高める口ぐせは2ステップ。

まずは「知ってる」や「いいんだよ」といった口ぐせによって安心感を高めていく。自分が決めてもいいんだ、主体的に動いても大丈夫なんだという土壌をつくっていくのです。その後に、「決めたのは私！」とか「好きだからやろう！」「まずはやってみよう！」と、決定を後押ししていくような口ぐせをプラスしていく。

こうすることで、安心して進むべき道を選び、実行に移していくことができます。

この本では何度となく「自己肯定感を取り戻す」というフレーズを使ってきました。**なかでも自己決定感は、自分の人生を手元に取り戻すうえで、欠かせない感情です。**

誰かが用意したレールの上を走るのではなく、自分で道を切り拓き、自分だけの人生を歩んでいきましょう。

あなたの人生を選ぶのは、あなた自身なのです。

3つの口ぐせ習慣で「自己決定感」を高める

1. 「決めたのは私！」
2. 「好きだから決めた！」
3. 「まずはやってみよう！」

「自己有用感」が上がるステップ

自己有用感を理解するためのキーワードは**「ABLE」**です。

「ABLE」は「○○する能力を持った」という意味の形容詞。「be able to（～することができる）」という熟語の言いまわしだったら覚えている人も多いのではないでしょうか。

誰かの役に立てる自分になる

自己有用感は、「周囲の人や社会にとって、自分は役に立てている」と思える感覚のことです。もっとわかりやすく、人に「ありがとう」と言ってもらえる感覚と言い換えてもよいでしょう。

「私は、誰かの役に立てている」

「誰かに貢献できている」

アドラー心理学では、この「貢献感（＝自己有用感）」が持てたとき、人は勇気を発揮することができると考えます。

「誰かの役に立てている」という実感は、そのまま「私は、ここにいてもいいんだ」という安心感や所属感、「私にはできるんだ」という自己効力感にもつながるからです。

自己有用感の大切さを理解するうえで、もっともわかりやすい例と言えるのが、「定年退職」です。仕事一筋でがんばってきた人が、定年退職を迎える。それまでは、仕事を通じて「自分は誰かの役に立てている」「自分には能力がある」という実感を持つことができていたでしょう。けれども定年で退職したことによって、肩書きも収入もなくなり、家にいるだけで家族からも疎まれることもあるかもしれません。**まるで自分が「役立たず」になったような錯覚に襲われる。**

そんなふうに感じて、メンタルの調子を崩していく人も少なくないのです。

もちろん、人間の価値は仕事だけで決まるものではありません。定年退職をしたからといって、価値がなくなるわけではない。趣味の世界に生きがいを見つけたり、地域のボランティア活動やペットの世話に精を出したり、さまざまな場所で自己有用感を取り戻し、自分の居場所を見つけることは可能なはずです。

それでも、あまりに仕事一筋で生きてきた人の場合、仕事以外の「貢献の場」を見出すことが難しく、結果として自己肯定感を低下させていくことが多々あります。

一方、昔ながらのアドバイスとして、「家庭を持ったら強くなれる」という話もよく聞きます。家庭を持ったら安定するとか、守るべきものができると強くなれるとか。みなさんも聞いたことがあるでしょう。これはまさに自己有用感の力です。

私たちは「自分のため」にがんばるよりも、「誰かのため」にがんばるときのほうが、より力を発揮できます。自分ひとりのためだったら諦めてしまうような困難も、家族や大切な人のためと思えば乗り越えることができる。そして、周囲の役に立っている自分を好ましく思い、好きになっていける。これはチームで取り組む仕事にも言えることでしょう。

ビジネスでも効果を発揮する「自己有用感」

ビジネスの現場では、社員のモチベーションを上げるために自己有用感を活用した事例が数多くあります。

たとえば、東京ディズニーリゾートで行われている「スピリット・オブ・東京ディズニーリゾート」という取り組み。簡単に概要を説明しましょう。

まず、キャスト一人ひとりに専用のカードが手渡されます。これは言わば手紙であり、投票用紙。ここに「すべてのゲストにハピネスを提供している」と思うキャストの名前と部署、その人の素晴らしいポイントを記入して、専用のポストに投函するのです。

受けとったメッセージの数が多かったり、その内容がよかったキャストは、「スピリット・アワード」という賞を受賞し、特別なピンが授与されます。

このように、従業員同士がお互いを褒め合う仕組みは、ほかにもスターバックスやANA（全日本空輸）、サイバーエージェント、ヤマト運輸などさまざまな企業で取り入れられています。共に働く仲間から「あのときはありがとう。助かったよ」「あれは素晴らしい働きだった」と褒めてもらうことは、「自分は役に立っているんだ」という自己有用感の向上に直結します。

つまり、褒め合う仕組みをつくることは、従業員に、お互いに自己有用感を実感しながら働いてもらう効果がある。

働く人の自己有用感、ひいては自己肯定感が高まっていけば、気持ちよく健やかに働けるようになり、サービスレベルに磨きをかけることにもつながっていくでしょう。

働く人にとっても、企業にとってもいい循環が生まれるのです。

自己有用感は「人から『ありがとう』と言ってもらえる感覚」ですから、専業主婦や高齢者などの人が見失いがちな〝感〟です。

ですが、会社で働いてお給料をもらうことだけが貢献ではないのです。私たちはそこに生きているだけで、**生まれながらにして他者に貢献しています。**

たとえば、電車で席を譲る。「ありがとう」と言われる。素晴らしい貢献です。

あるいは、ベランダの植物に水をあげる。その植物が花を咲かせる。これも素晴らしい貢献です。

たとえお金や数字に表れなかったとしても、あなたはたくさんの貢献をし、役に立っている。ここにいるべき人間なのです。

だから、いつも「私は役に立ってる」「私っていい人！」「毎日エラいぞ、俺！」などの褒める口ぐせを自分自身に語りかけてください。

人に言ってもらえたのと同じ効果がありますから、自己有用感が高まります。もしくは、直接「ありがとう」と言うのもよいでしょう。「今日もありがとう」「私、ありがとう」と自分に言い聞かせるのです。

「ありがとう」は自己肯定感を上げてくれるサプリメントですが、同時に自己有用感も高めてくれます。

3つの口ぐせ習慣で「自己有用感」を高める

1. 「私は人の役に立っている！」
2. 「私は価値がある！」
3. 「私（俺）、毎日エライぞ！」

セルフチェックのポイント

さて、ここまで「自己肯定感」と呼ばれるものの正体を、6つに区分けしてお話ししてきました。もう一度おさらいしておきますね。

1. 自尊感情（BE）――生まれながらに尊重されるべき、人間としての価値
2. 自己受容感（OK）――自分の長所と短所を両方とも受け入れる感情
3. 自己効力感（CAN）――自分の能力や可能性を信じる感情
4. 自己信頼感（TRUST）――自分を信じて、自分を頼りにする感情
5. 自己決定感（CHOOSE）――自分の人生を自分で決めていこうとする感情
6. 自己有用感（ABLE）――自分は誰かの役に立ち、貢献できていると思える感情

足りないところに目を向けすぎない

専門家も含め、多くの人は自己肯定感のことを「一つの感情」として考えます。そのため、たとえば④の自己信頼感が足りていないだけなのに、「私は自己肯定感が足りない」と早合点し、自分を否定してしまうのです。

しかし、たとえば野球だって、バッティング、守備、走塁、肩の強さ、コントロールのよさ、選球眼など、さまざまな要素が組み合わさって「野球がうまい」となるわけです。逆に言うと、少しくらい守備に難があっても、それだけで野球選手失格ということにはならないでしょう。

自己肯定感を形成する6つの要素を完璧に覚え、完璧に伸ばしていくことは難しいかもしれません。

まずは、

「自分は①の自尊感情と②の自己受容感は持てているな」

「自分が苦手なのは⑤の自己決定感かもしれない」

というように、セルフチェックのツールとして、この6つを覚えていきましょう。

そして、自分に足りないパーツの口ぐせを、重点的に唱えていけばいいのです。

自分を褒める効果

セルフチェックするときのポイントは、「足りないところに目を向けず、持ってるものに目を向ける」こと。足りないところに目を向けていると、どうしても「だから私は……」と気持ちが落ち込んでしまいます。

そうではなく、**まずは「自尊感情は持ってるかも！」「自己決定感はある！」というように、自分ができているところに目を向け、できている自分を思いっきり褒めていきましょう。**

私自身、かつては自己肯定感のほとんどを失い、失意のどん底にいました。それでも現在、赤ちゃん時代と同等の自己肯定感を取り戻し、こうしてみなさんのサポート役になれている。それは、「できている自分」を認め、たくさん褒めていったおかげです。

あなたは自己肯定感が足りないのではありません。

自己肯定感を形成する6つの〝感〟のうち、せいぜいいくつか弱くなっているだけ。

自己肯定感を育むための根は残っているし、芽も出はじめています。大事に水をあげながら、自己肯定感を育てていきましょう。

3つの口ぐせ習慣で「こころの免疫力」を取り戻す

1 「私（あなた）、ありがとう！」
2 「今日（未来）、ツイてる！」
3 「すべての出来事は、できる！」

この3つの口ぐせは、こころの免疫力である自己肯定感の土台となる安心感を育む、成功のカギとなる口ぐせです。

この3つを習慣化することで、感謝の気持ち、未来への希望、そして自信スイッチが入るようになり、物事がいい方向へ進み出します。

生きているだけで、まるもうけ。生きているだけで100点満点。人生史上最高の幸せがやってくるでしょう。

第5章

こころの免疫力は波及する

この章でわかること

○あなたの口ぐせが、周囲の人を変えていく
○子育て中は、褒め上手になる大チャンス
○褒め上手になって、会社の同僚や友人のことも褒めよう
○口ぐせが変われば、自己肯定感は上がっていく
○自己肯定感が上がれば、ありのままの自分で生きていける

自分ひとりが幸せになっても意味がない

「口ぐせ一つで人生は変わる」

「口ぐせを変えていけば、自己肯定感が高まり、幸せになれる」

これは事実です。性格なんて関係ないし、生まれも育ちも関係ない。私たちの自己肯定感はちょっとした口ぐせによって高めていくことができます。

でも、ちょっと立ち止まって考えてみてください。

私たちは、自分の口ぐせによって自分の自己肯定感が高まっていけば、それでいいのでしょうか？

自分ひとりが幸せになれたら、それでいいのでしょうか？

——そんなはずはありません。

たとえば私は、口ぐせをはじめとするさまざまな「セルフ人体実験」を通じて、自分の自己肯定感を高めることができました。

でも、それだけで幸せを実感することはできなかった。なぜなら、私のまわりには、そしてこの日本には、かつての私と同じように自己肯定感の低さに苦しむ人が大勢いたからです。

そこで私は、セミナーやカウンセリング、著作などを通じて、多くの方々に自己肯定感の高め方をレクチャーするようになりました。

自分のまわりにたくさんの笑顔が見えるようになったいま、大きな幸せを実感できています。

そこでこの最終章では、いい口ぐせを自分ひとりのもので終わらせず、他者との会話に発展させ、まわりにいる人たちの自己肯定感まで高めていく方法を見ていくことにしましょう。

「情けは人のためならず」という言葉があるように、**これは「相手のため」であると同時に、あなたの幸せのために、どうしても欠かすことができない最終ステップなのです。**

自分ひとりが幸せになるのではなく、周囲の人たちまでも幸せにしていく。一見するとこれは、とても大変なことです。マザーテレサみたいな、利他的な偉人にしかできないことのように思えるでしょう。

しかし、特別なことをする必要はありません。あなたが自分の自己肯定感を高め、「いい口ぐせ」を伴う会話を交わしていれば、それだけで周囲も変わっていくのです。

まずはその根拠を、2つ紹介しましょう。

なぜ、あなたの口ぐせが周囲に影響を及ぼすのか

1つめは、人はそばにいる人に似ていくものだから。たとえば、結婚して数十年もたつと夫婦の顔が似てくるとか、性格も似てくるといった話を聞いたことがありませんか？

あるいは、東京出身の人が関西の大学へ進学したら、いつの間にか関西弁まじりで話して、お笑いのセンスも身につけていたり。

これは、**「カメレオン効果」**と呼ばれる現象です。

カメレオン効果とは、無意識のうちに相手の行動やしぐさ、言葉などを真似すること。

また、真似された人は、真似した人に対して好意を抱くことも指摘されています。

こちらは**「ミラーリング」**とも呼ばれ、カウンセリングの現場で用いられるほか、ビジネスや恋愛などで親近感を生み出すためのテクニックとしてもよく知られています。

カメレオン効果の大きなポイントは、「無意識下で行われる」というところです。

アメリカの社会心理学者、ターニャ・チャートランドが行った実験がそれを示しています。

実験の内容は、「会話中にしぐさを変えることを指示されたスタッフ」と、「スタッフとは面識のない被験者」に会話させるというもの。具体的には、指示を受けたスタッフが「顔に触る」「足を揺らす」など、しぐさを変えていくわけです。

その結果、顔を触る行為は20％、足を揺らす行為は50％の被験者が真似をしました。

しかも、実験終了後に被験者に話を聞くと、みんな真似をした意識はなく、スタッフのしぐさに気づいてもいなかったと語る人さえいました。

このカメレオン効果は、当然、自己肯定感についても発生します。

あなたの口ぐせが変われば、自然とそばにいる家族や友人、同僚、恋人の口ぐせも変わる。そして、あなたの自己肯定感が上がるように、そばにいる人の自己肯定感も上がっていくのです。

たとえば、職場でトラブルが起こったとき。

「どうしよう」「もうダメだ」「お前のせいでこうなったんだぞ！」といった言葉が飛び交

うオフィスは、かなりつらいものです。

一方、「大丈夫、大丈夫」「最後はうまくいくから安心して」といった口ぐせの持ち主がいれば、職場の雰囲気も落ち着くし、みんなうまくいきそうです。

自己肯定感で、あなたの印象が変わる

2つめの根拠は、自己肯定感によって、人があなたを見る目が変わるからです。

みなさんは普段、他人の人柄をどんな要素で判断していますか？

顔立ち、表情、服装、肩書き、出身地などいくつかの要素から、「この人は、こんな人なんだな」と理解する。その中でもいちばん大きな要素は、言葉ではないでしょうか。

たとえば、上品な単語を使ってゆっくり話す人がいたら、「育ちがいいんだろうな」「上品な人だな」と思うし、論理的に、経済用語や専門用語をたくさん使う人がいたら、「賢い人なんだな」「仕事が好きな人なのかも」などと思う。

どんな言葉を、どんな口調で話しているか。それが人柄を判断する際に、もっとも重要な要素になります。

そして「どんな言葉を使うのか」は、自己肯定感の高低によって大きく変わります。

自己肯定感が高いときと、自己肯定感が下がっているときで使う言葉の違いは、第2章の「いい口ぐせ」と「危険信号の口ぐせ」を見比べていただければはっきりおわかりいただけるでしょう。

だから、自己肯定感が上がると、周囲の人があなたに対して抱く印象が、ガラリと変わるのです。「おとなしそうな人だな」と思われていたのが、「はつらつとしたパワフルな人だな」という印象に変わることもある。

そういう印象の変化が起こったら、「あれ、じつはこの人と気が合いそうじゃん!」と思ってつき合いが深くなる人もいるでしょうし、反対に「なんか印象が変わって気が合わなくなったな」と疎遠になる人もいるでしょう。

あるいは、あなたのことを頼りにする人が増えたり、あなたを別のだれかに紹介してくれたりする人も現れるでしょう。

このように、自己肯定感の高低によって、人間関係も変化していくのです。

口ぐせというと、どうしても「一人の部屋でぶつぶつとつぶやくもの」のことだと考える人がいます。

たしかに、鏡に向かって声をかける口ぐせは、自分ひとりだけに聞かせる「おまじない」

のようなものです。

しかし、本当の口ぐせは、他者との会話の中でポンポンと飛び出していくもの。

誰かのアイデアに「それいいね！」「最高！」と元気にレスポンスしたり、落ち込んでいる友だちに「大丈夫だよ、きっとうまくいくよ」と声をかけたり、朝オフィスに入ったとき、みんなに向かって「おはようございます！」と明るく挨拶をしたり。

口ぐせを自分ひとりで完結させることなく、コミュニケーションに発展させていきましょう。コミュニケーションがよくなれば、あなたもあなたの周囲の人も最高の人生へと好循環していきます。

会話の力で自己肯定感がブーストする

古代ギリシアにソクラテスという哲学者がいますが、彼は「人はどうあるべきか」「正しいとはどういうことなのか」といった根源的な問いを探究し、哲学や倫理学の基礎をつくりあげた「哲学の祖」ともいわれる人物です。

じつは、そんなソクラテスは一冊も自身の書物を残していません。

現代に生きる私たちがソクラテスの言葉を知ることができるのは、弟子であるプラトンが、ソクラテスの言葉を書き残してくれたからです。

なぜソクラテスは「対話」を重視したのか

なぜ、ソクラテスは書物を著さなかったのか。そこには2つの理由がありました。

一つめは、ソクラテスは「人が文字を使って学ぶと、記憶力が弱まってしまう」と考えていたからです。

紙に書いて記録するのは、外部記憶装置を使うようなもので、自力で自分の頭の中から思い出すことをしなくなる。すると、頭を使わない、何も考えない人間になってしまうと考えていたのです。パソコンやスマホを使ってばかりだと、覚えていたはずの漢字が書けなくなる、というようなことですね。

もう一つの理由は、文字に書いてしまうと答えが固定されてしまうから。紙に書かれた文字を見て疑問を抱いたとしても、文字はそれに答えてくれません。反論があっても、文字とは議論ができない。そうではなくて、誰かが質問をしてくれたらそれに答えたいし、みんなと語りあって議論を深めていきたいとソクラテスは考えていました。

いまでも哲学の世界では、ソクラテスのように対話を重視する探究方式が大事にされていて、「ソクラテス式問答法」と呼ばれています。

以上の理由から、ソクラテスは、文字に書いたり、ひとり頭の中で考えたりするよりも、誰かと対話する中で考え、記憶し、議論を深めていくことが、哲学本来の営みだと考えていました。**つまり、ソクラテスは「会話」の持つ力を信じていたのだと言えます。**

この「会話」の力については、私たちの普段の生活でも感じることができるでしょう。

実際、私もセミナーを開催した後には、必ず受講生のみなさんと直接会話をして、感想を伺うようにしています。

セミナーの感想を聞く方法としてよくあるのは、終了後に用紙を配り、感想や疑問点を書いてもらう「アンケート方式」です。ですが、書く言葉は装いやすいもの。本心とは別のことが書かれているかもしれません。

それよりも、顔をつき合わせて会話をするほうが、細かな間や表情、機微《きび》で、本当のリアクションを感じることができます。受講生のみなさんとより深くつながって、理解し合える感覚が得られるのです。

また、その会話によって、自分の考えをより深めることもでき、講義の中身をブラッシュアップさせていくことにもつながっています。

会話は潜在意識を教えてくれる

さらに、「会話」が持つ力について考えてみましょう。

みなさんには、こんな経験がありませんか?

仕事でぐるぐる悩んでいたけれど、友人に話しているうちに考えがまとまって、解決策が見えたこと。

あるいは、「いま話していて思いついたんだけど……」と会話中に新しいアイデアが浮かんできたこと。

言葉にすることで、考えが整理されたり、思考が活性化したりした経験です。

これをコーチングでは「オートクライン（自己内分泌）」と呼びます。

オートクラインとはもともと、分泌された物質が、分泌した細胞自身にも作用することを指す生物学の用語。自分が話した言葉を自分で聞くことによって、脳が活性化して、自らの潜在的な思考がありありと認知できるようになる状態を指します。

つまり、「誰かに話す」ことには、相手に自分の考えを伝えるだけでなく、自分自身の考えに気づく作用もあるのです。

このオートクラインの作用を、口ぐせに応用したらどうなるか。

たとえば、あなたは毎朝、

「私はツイてる！　全部うまくいく！」

とアファメーションをするとします。

これは、自己肯定感が上がる口ぐせです。

これを友だちに、

「私ってすごいツイてるのかも！　なんか全部うまくいってるんだよね」

と話すようにするとどうでしょうか？

友だちは「どんなことがあったの？」と聞いてくれたり、自分のツイてるエピソードを話してくれたりして、「ツイている」という状況について会話がふくらむことになるはずです。

そうなると、**オートクラインが働いて、あなたの潜在意識はより強く「自分はツイてる」と認識するようになる。**言葉が現実化し、自己肯定感が上がるスピードはさらに速くなるでしょう。

――会話には力がある。

言わば、会話は口ぐせ（言葉）の最高到達点です。

頭の中で考える言葉よりも、ひとり言の言葉よりも、誰かに話す言葉のほうが強い力を持つのです。

くり返しになりますが、自己肯定感は、口ぐせによって高めることができます。

会話の力をうまく使えば、自己肯定感をさらに高く、より簡単に高めていくことができるのです。

一人の力で組織を変えられる

あなたの口ぐせは、あなた一人で完結するものではない。

まわりの人にも伝播して、まわりの人の自己肯定感まで底上げしてくれる。とくに会話には、お互いの自己肯定感を大きく左右するだけのパワーがある。

こう聞いたとき、あなたが思い浮かべるのは、言葉のマイナス効果かもしれません。

つまり、

「うちの上司はいつも否定語ばかり使っている」

「仲のよい同僚が集まると、みんなで上司の愚痴をこぼしている」

「そういう『悪い口ぐせのシャワー』を浴びている自分は、どんなにがんばってもポジティブになれないし、自己肯定感も上がらない」

というわけです。

たしかに、職場や家庭の中でどのような言葉が交わされているかは、とても重要な要素

です。口汚い上司がずっと誰かを叱っていたり、その場にいない誰かの陰口を言い合う文化があったりすると、その影響を免れることはできません。

しかし、そういう職場（共同体）の環境も、あなたの口ぐせによって変えることができます。いま、あなたの職場でネガティブな言葉ばかりが飛び交っているのは、ポジティブなことを口にする人が一人もいないから。

「ファーストペンギン」になろう

だったら、あなたが最初の一人になりましょう。ファーストペンギン（先頭に立って危険な海へと飛び込み、仲間を先導する勇気あるペンギン）となって、職場全体の空気を変えていきましょう。

実際、たった一人の力によって共同体全体の雰囲気が激変するのは、よくあることです。

たとえば、クラスに転校生がやってきたとします。

彼はとにかく元気がよくて、会話がおもしろく、誰とでも分け隔てなく接するタイプでした。もともとはホームルームでも誰も手をあげないくらい、おとなしいクラスだったのに、転校してきた彼がムードメーカーになったことで、ガラリとクラスの雰囲気が明るくなって、みんなの仲がよくなった。これは、めずらしくない光景でしょう。

あるいは、2023年のWBCで活躍した、日系人初の日本代表、ラーズ・ヌートバー選手は、まさにそんな選手だったと思います。

喜怒哀楽を前面に出した熱いプレーを見せ、チームメイトとも積極的にコミュニケーションをとって、とても楽しそうにプレーしていた。そんな彼に触発され、日本代表のチームメイトたちも、しだいにリラックスし、プレーを楽しむようになりました。

明るくて前向きなヌートバー選手のコミュニケーションが、チームの心理的安全性を高めていったのです。

ヌートバー選手のように、たった一人の力でも、大勢の人を変える可能性を秘めています。つまり、あなた一人が変わることで、組織が激変することもありえるのです。

もしもいま、あなたの職場がギスギスしているとしたら、それは心理的安全性が低くなっている証拠。**あなたの口ぐせや挨拶で、場の心理的安全性を高め、みんなの安心感を高めていきましょう。**

口ぐせは潜在意識への刷り込みですから、上司や同僚は、あなたの言葉を何度もくり返し聞いているうちに、無意識の部分で影響を受けていきます。

それを続けていれば、いつの間にか、上司や同僚の口ぐせも変わり、「ちょっと職場の空気がよくなったかも」という変化が訪れるはずです。

緊張感は味方になる

このような仕組みを、心理学では「ピアプレッシャー」といいます。ピアが「仲間」、プレッシャーが「圧力」「責任」といった意味。日本語に訳すなら「同調圧力」です。

同調圧力と聞くと、あまりよくないイメージがあるかもしれません。人間関係での気疲れやストレスの原因として語られることが多い言葉です。

しかし、ピアプレッシャー（同調圧力）はうまく使えば、私たちの力になってくれるものです。

たとえば、ダイエットをしているとき。

一人で取り組んでいると、ある日「今日は疲れたし、もういいや」と思ってサボってしまうこともあるでしょう。その日をきっかけに、ダイエット自体に挫折してしまうかもしれません。ダイエットにおいて、ありがちなパターンと言えるでしょう。

でも、仲間がいれば違います。

お互いに励まし合えるからモチベーションが保てるし、サボったときにも「じゃあ明日は一緒にジムに行かない？」と再開のきっかけをつくれたりします。

あるいは、まわりの人が勉強している図書館のほうが、自宅よりも勉強に集中できたという経験がある人は多いでしょう。

このように、同じことに取り組む仲間の存在があることで、モチベーションが高まったり、適度な緊張感や競争意識が生まれて物事がよく進んだりします。

また、苦労があっても、仲間と励まし合えることで、継続する力も湧いてきます。

これがピアプレッシャーのプラス効果です。

ですから、仮にあなたが毎朝元気よく「おはようございます！」と挨拶するようにした場合、その習慣はほどなく仲間たちに伝播していきます。そしていつしか「言うのが当たり前」の空気ができあがっていくのです。

「あなたが先頭に立って、場の空気を変えていきましょう」と言われても、多くの人は「自分なんかにはムリそうだな」と思いがちです。自分がムードメーカーになった経験がない人であれば、なおさらでしょう。

でも、とにかく「自分が変わればまわりも変わるかもしれない」と肯定的に考えてほしい。それ自体が、何よりもあなた自身にとって、とても意味のあることだからです。

スタートは、あなたです。

あなたが変わることによって、いまいる場所が最高の環境へと変わりはじめます。

いい口ぐせは人との縁をつくる

いい口ぐせは、あなたの人間関係を変えていく。

これは、既存の人間関係に限った話ではありません。**いい口ぐせは、新しい人間関係、つまり新しい出会いまでも呼び込んでくれるのです。**

たとえば、なにかのプロジェクトを前にしたとき「だるい」とか「ムリだ」とか「最悪」とか、ネガティブな言葉ばかりを使うAさんがいたとします。

一方、同じ状況でも「楽しみ」「がんばろう」「これは絶対チャンスだ」と、ポジティブな言葉ばかり使うBさんがいたとします。

あなたはどちらの人と、チームを組みたいと思いますか？

あるいは、いつも人の悪口を言っているAさんと、いつも誰かを褒めているBさんと、どちらと友だちになりたいですか？

きっとみなさん、Bさんを選びます。

ネガティブな言葉は隣で聞いているだけでも気が滅入りますし、（たとえ他人のことであっても）人の悪口を聞かされるのは気分のいいことではありません。

そのため、Aさんのようなタイプの人は人望を失い、どんどん人が離れていきます。

たとえ仕事ができる人であっても同じです。

とくに令和の現在、若い世代は肩書きや報酬よりも「居心地のよさ」を求めて仕事をしています。「居心地」が悪い上司と一緒には働きたくない。「居心地」が悪い職場では働きたくない。これは、昭和世代の大人たちがよく理解しておくべき心理です。

一方、「居心地」がよい人はどうでしょうか？

当然ながら、人が離れていきません。それどころか、人が集まってきます。森の動物たちが泉に集まるように、あなたという「居心地のよい場所」を求めて、たくさんの人が集まってくるのです。

友だちから「私の友だちを紹介するよ」と誘われることもあるでしょう。あなたの評判を聞きつけて、ほかの部署やクライアントから「あの人と仕事がしたい」と指名を受けることもあるでしょう。他社からヘッドハンティングされることだってあるでしょうし、飲み会やパーティーにたくさん誘われるようになり、パートナーやソウルメイトとの縁が生まれることもあるでしょう。

こうした縁は、仕事の有能さや、人柄などで決まるものではありません。**なんとなく一緒にいて気持ちがいい、もっと一緒にいたい。そう思わせる「居心地のよさ」が縁をつくるのですし、ちょっとした口ぐせが縁をつくっていくのです。**

「誰とすごすか」で人生が決まる

このように、人との縁を広げていくことは、あなたがどんな人生を歩むかを大きく左右します。

アメリカの起業家・講演家で、世界一のメンターともいわれるジム・ローンは、**「あなたという人間は『もっとも多くの時間を共にすごす5人』の平均になる」**という**「5人の法則」**を提言しています。

もっと簡単に言えば、

「あなたのまわりにいる5人の平均があなただ」

ということですね。

たとえば、みんながプロ野球選手を目指している甲子園常連校の野球部に入れば、あなたもプロになることを目指して貪欲《どんよく》に練習するようになるでしょうし、県大会出場を目指している野球部に入れば、あなたも県大会を目指すレベルの練習をするようになるでしょう。

もしくは、年収が1000万円の人5人と一緒にいたならば、あなたの働く意欲も彼らと近いものになる。その向上心がスキルアップにつながり、同等の年収を得られるようになります。

一方、年収200万円の人たちと一緒にいたならば、仕事への考えも同じようになり「そんなに稼がなくてもいいよね」と年収200万円で満足するようになるでしょう。

実際、歴史を見ても、そんな事例が数多く存在します。

たとえば、明治維新の頃は江戸から遠く離れた薩摩《さつま》（鹿児島）で、時代をリードし、近代日本の礎《いしずえ》を築いた偉人たちが何人も現れました。

西郷隆盛をはじめ、大久保利通、五代友厚、寺島宗則、森有礼などがそうです。これは、薩摩藩の藩主、島津斉彬が先進的な思想を持って藩士たちに影響を与えたことや、同時代・同地に志を同じくする仲間が揃っていたという環境があったからこそ生まれたものでしょう。まさに「誰とすごしたか」によって、彼らの人生は動いていったのです。

自分の「コンフォートゾーン」を見直そう

この「5人の法則」は、心理学でいう「コンフォートゾーン」の考え方に起因しています。人間には、ストレスや不安がなく、限りなく落ち着いた精神状態でいられる場所や状態があり、それを「コンフォートゾーン（居心地のよい空間）」といいます。

人づき合いに当てはめれば、考え方や価値観、感情が自分と似ている人たちと一緒にいるのが、コンフォートゾーンです。いつも「わかる、わかる！」と共感し合えるような状態ですね。

逆に、考え方があまりに違う人や、物事に対して真逆の感情を抱く人と一緒にいると、私たちは居心地の悪さを覚えます。

たとえば、電車のことをまったく知らないあなたが、鉄道好きのコミュニティの中にぽつんと入ったら、居心地が悪くなります。うまく話せなかったり、過度に気を遣ったりすることになり、できれば早くその場から抜け出したいと思うでしょう。

だから、人は無意識のうちにコンフォートゾーンに入ることを求めてしまうのです。

つまり、自分と似た人たちのところへと引き寄せられる。これが、「5人の法則」がよく成立する理由です。

どんな人と縁を持つのか。どんな人と一緒にいるのか。

これは、あなたがどんな人間になり、どんな人生を送るかを決める重大な要素です。

もしもプロ野球選手になりたいのなら、近所の高校よりも甲子園常連校に行くほうがいい。そこには、共にプロを目指す仲間がいて、それを後押ししてくれる環境があり、力を入れて指導してくれる監督やコーチがいるはずだから。あなたがプロ野球選手になる可能性が高くなるからです。

自己肯定感も同じです。いい口ぐせを使って、自己肯定感を高めれば、人との縁に恵まれ、まわりにいる人が変わっていきます。自己肯定感が高く、常に前向きでバイタリティーに満ちた、幸福な人たちに囲まれるようになるでしょう。

自己肯定感の高さは「いいリーダー」をつくる

私のカウンセリングには、スポーツ選手やビジネスパーソン、学生などさまざまな属性の方がいらっしゃるのですが、その中には大きな企業の経営者や政治家など、「リーダー」と呼ばれる人たちも少なくありません。そんなリーダーたちを数多く見てきて気がついたのは、**「いいリーダーは自己肯定感が高い」**ということです。

自己肯定感の高さがリーダーシップに影響する。いったいどういうことでしょうか。

そもそも、いいリーダーとは、どんな人を指すのでしょうか？

リーダーシップ論は、行動経済学や心理学など、さまざまな分野で語られています。

有名なところで言えば、日本の社会心理学者、三隅二不二《みすみじゅうじ》が提唱した、パフォーマンス（P）機能とメンテナンス（M）機能の両方を合わせ持つのが強いリーダーだとする「PM理論」や、アメリカの組織行動学者ノール・M・ティシーが提唱した、組織を存続させるためには企業を変革に導くリーダーが必要だとする「変革型リーダーシップ論」などがあります。

そんな中で私は、次の2つがいいリーダーの条件だと考えています。

❶ 最善を選ぶ力がある

❷ 人を惹きつける人間性がある

それぞれ、どんな特長なのかご説明します。

いいリーダーの条件（1）最善を選ぶ力がある

リーダーのもっとも重要なタスクは、決断することです。

事業を継続するか否か、どんな販路を獲得するか、どこに店舗を出すのか、どんな商品をどれくらいつくるのか、誰を採用するのか、どう仕事を振り分けるのか。どんな規模のチームのリーダーでも、チームの進路を決断する役割が求められます。

あるいは企業の経営者ならば、会社の命運を分けるような大きな決断を迫られることも多々あるでしょう。

そんなときに、リーダーの視野が狭くなっていれば、適切な判断はできません。

たとえば、タピオカが流行っているからといってタピオカドリンク店を出店したら、その1年後にはブームが終わってしまい、大きな負債を抱えてしまう、なんてこともありえます。常に、いくつもの観点から多面的に情報を見つめなければ、最善手を打つことはできないのです。

これは、人を見るうえでも同じです。部下がミスをしたとき、すぐに「こいつは仕事ができない」と判断するのは、よい決断とは言えません。

ミスを誘発した原因が環境やシステムにあるかもしれないし、その部下にはほかに活躍できる部署があるのかもしれない。短絡的な評価は、部下の成長を妨げ、チームがうまく機能していくことも阻んでしまいます。**こう考えると、「最善を選ぶ力がある」とは、「物事を多面的かつ肯定的に見る力がある」ことだと言い換えることができます。**

広い視野と肯定的な解釈。これはまさに、自己肯定感によってもたらされる力です。

自己肯定感が低いリーダーは、思考がネガティブに固まったり、視野が狭くなったり、物事を悲観的・否定的に見るばかりになってしまう。

一方で、自己肯定感が高いリーダーであれば、視野を広く持ち、いつも肯定的な解釈ができる。それが最善を見出し、選択することにつながるのです。

いいリーダーの条件（2）人を惹きつける人間性がある

どんなに能力が高い人であっても、仕事は一人ではできません。仲間がついてきてくれなければ、いい結果は生み出せない。ついてきてくれるフォロワー（チームメンバー）がいてこそ、リーダーの仕事は成立します。

では、人はどんなときに「この人についていこう」と思うのでしょうか？

それは、その人の人間性に惹かれたときです。

たとえば、仕事をしているときに「がんばっているね」「こういうところで助かっているよ」などの声かけをしてくれる上司。きっと部下たちの働く意欲は高まり、一緒にいい成果を上げたいと思うはずです。

また、上司自身が懸命に仕事に向き合う姿を知ったならば、尊敬の念が湧き、「この人に学びたい」「ついていきたい」と思うようになる。

反対に、「何をやっているんだ！」「こんなこともできないのか」など否定語の声かけが多い上司がいたら、反発心が生まれたり、嫌悪感を抱くことになるかもしれません。

たとえどんなに能力や実績があっても、「この上司と一緒にがんばろう」という前向きな気持ちにはなれないでしょう。

この例であげたように、その人の人間性がはっきりと表れるのは、言葉です。

他人にどんな声をかけているか。そこにリーダーの人間性が表れます。

それを見て、チームのメンバーは「このリーダーについていこう」と思ったり、「この人にはついていけない」と思ったりするのです。

こうした声かけ（言葉）には、自己肯定感が影響しています。

自己肯定感が高ければ、いい声かけができるし、自己肯定感が低いときは否定語の声かけが多くなってしまうものです。つまり、自己肯定感が高くなければ、人を惹きつける人間性は得られないのです。

この2つの条件は、どちらも自己肯定感が高くないと満たせません。

自己肯定感は、こんなふうにリーダーシップにも影響しているのです。裏返せば、自己肯定感が高くなると、自然といいリーダーの条件もクリアしていくのだと言えます。

人への声かけは、自分のチャンス

本章ではこれまで、自分の口ぐせと自己肯定感が他人にも影響を与えることについてお話ししてきました。

自己肯定感が高くなれば、まわりの人の自己肯定感も高くなり、組織の雰囲気を変えることもできて、人との縁にも恵まれていく。さらにはいいリーダーになることにもつながっていく。

一方で、いま、この本を読んでくださっている人の中には、

「私はまだ自分のことで精いっぱいで……」

「ほかの人のことまで考える余裕なんてないです」

という人もいるでしょう。そもそも人と話すこと自体が苦手だとか、トラブルが嫌だから極力、人づき合いを避けているという声もよく聞きます。

でも、その考え方はとてももったいない！

なぜなら、私たちは生きている限り、ずっと誰かとつながっているのだから。**毎日のように、他者と言葉を交わすものだからです。他者とのコミュニケーションを避けて生きることは、誰にもできません。**

だったら、その時間や言葉も、自分の自己肯定感アップに還元できるチャンスだと考えるほうがいいと思いませんか？

「ほかの人のために」とか、自分以外のことまで考えてほしいわけではありません。

ただ、自己肯定感と他者とのつながりも理解していれば、あなた自身にとっていいことがある、ということをお伝えしたいのです。

子育てで褒め上手になる

これは、子育て中の親御さんにこそ伝えたいお話です。親という役割は、自己肯定感を高めるうえで、何よりお得なものだと思います。

カウンセリングに来られる人の中には、「子育てでイライラして、子どもを叱ってばかりなんです」と悩みを吐露される人も少なくありません。

「やめなさい！」「これはダメ！」「早く宿題をしなさい！」とたくさん否定語を言ってし

まいがちです。

もちろん「叱ってばかりいるのは、子どもにとってよくないことだ」という気持ちはある。だから、自己嫌悪に陥ったり、落ち込んだりしてしまう。

ですが、叱ること自体をそこまで気にする必要はありません。子どもの自発的な思考や意欲を妨げることは避けるべきですが、社会的なルールや危険なことなどを覚えるためには、親が教えなくてはならない禁止事項がたくさんありますから。

だから、私はいつも「叱ることを気にするよりも、褒める言葉を増やしてください」とお話しします。

たとえば、もしお子さんに好き嫌いがあっても「前より食べられたね」「こっちはたくさん食べてくれたね」と**肯定的なことを見つけ出して褒める。**「片づけしてくれてありがとう」など、「ありがとう」という感謝の言葉をたくさん伝えていくことで、思いやりと優しさも育まれるでしょう。

褒めるのが苦手なのは普段、褒めていないから？

褒めは「慣れ」です。

回数をこなせばこなすほど慣れて、上手になっていくもの。

考えてみてください。全然知らない人や、大人の誰かを褒めるよりも、自分の子を褒めるほうがずっと簡単だと思いませんか？

それに、子どもとすごすときは会話の量自体が多くなります。褒めるきっかけやタイミングもたくさん見つかるはずです。

そうやってお子さんをどんどん褒めていけば、褒める目が育ちます。自分の中に褒め言葉が増えていきます。すると、いずれ会社の同僚や、友人への褒め言葉もスルスルと出てくるようになるでしょう。

こうして、たくさん他人を褒めるようになると、当然、自分自身の潜在意識もよい言葉のシャワーを浴びることになります。自己肯定感が上がって、子育てで悩むことも減っていくはずです。**つまり、子育て中は、褒め上手になれる大チャンスなのです。**

せっかくそんな素敵な役割を任されているのですから、悩みにフォーカスするよりも、その状況を楽しんで、活用していきましょう。

自己肯定感を高める最終目標は「自立」

自己肯定感を高めるにはどうすればいいのか。

この本では「口ぐせ」をキーワードに、その方法をお伝えしてきましたが、そもそも、私たちが自己肯定感を高めた先のゴールは何なのでしょうか？

この章で、最後に考えたいのは、自己肯定感を高めることの「最終目標」についてです。

私が考える、自己肯定感を高める最終目標は「自立」です。

「自己肯定感」と「自立」。突然出てきた言葉で、あまり結びつかないかもしれませんね。

順を追ってご説明しましょう。

自立とは何か

そもそも、「自立」とはどのような状態を言うのでしょうか？

自立には2つの観点があります。

一つは**経済的自立**、もう一つは**精神的自立**です。

経済的に自立している状態は、みなさんもすぐにイメージが湧くでしょう。自分で働いて生活費をまかない、それで暮らしていけていること。それが経済的自立です。

自己肯定感はこころの問題ですから、ここでお話しする「自己肯定感を高める最終目標」が指すのは、経済的自立ではありません。

目標となるのは「精神的自立」のほうです。

では、「精神的な自立」とは、どんな状態なのでしょうか？　経済的自立に比べて、イメージがしづらいかもしれません。

精神的自立とは、「自分で考え、自分で決めること」です。

たとえば、上司が不在のときでも、自分がいまやるべき作業を考えて、実行することができる。あるいは、自らやりたい仕事や、やりたい生き方を考えて、仕事や働き方、住む場所などを選ぶことができる。そんな人を見たら、「自立した人だな」と感じるはずです。

もしくは、友だちに遊びに誘われたときに、ただ全部を受け入れるのではなく、自分のからだの調子や予定を鑑《かんが》みて、ときには断ることもできる。これも「自立」ができている状態です。

一方で、たとえ仕事で大きな成功を収めている人であっても、いつも親や上司の言いなりで、なに一つ自分で決断してこなかったという人は、精神的に自立しているとは言いがたいでしょう。

つまり、誰かの意見に惑わされたり、流されたりせずに、自分で考え、判断し、行動できる状態が精神的自立なのです。

こんなふうに精神的に自立することによって、人は「自由」を勝ちとれます。

選択権や決定権を持ち、実行力があること。

それ以上の「自由」はありません。

これは、やりたいことをやれたり、やりたい生き方ができることを意味します。

それから、他者に惑わされないのは、言い換えれば「他人の目を気にしない」ということでもあります。そうやって、ありのままの自分ですごせることも「自由」の表れと言えるでしょう。

反対に、精神的な自立ができていないと、他者から支配を受ける不自由さを感じながら生きていくことになります。

たとえば、

「親に進路を決められる」
「自分の意志とは関係なく上司に何かをやらされる」
「他人に決められたキャラクターを演じてしまう」
「いつでも友だちの意見に従ってしまう」

そんな人生は、窮屈で苦しいものでしょう。自分の人生を生きているという実感がないと、毎日の生活に充実感を覚えることもありません。

こんな「自立」の重要性に、私が改めて気がついたのは、自己肯定感のセミナーに来てくださった80代の男性とお話ししたことがきっかけでした。最近では、セミナーに参加してくださる高齢者の人がとても増えているんです。

その人は、参加した理由を、こう教えてくれました。

「仕事はリタイアしたが、これからもちゃんと自分自身の力で生きていきたい。歳をとってできないことは増えていくけれど、最後まで自立した生活をしていたいんです」

人生の大先輩から、この言葉を聞いて、自立というのは人生の最後まで私たちの目の前にある、重大なミッションなのだと思いました。

自立は「独立」とは違う

「自立」を考えるうえで、注意してほしいのは「孤立」や「独立」ではないということです。

「独立」は、自分ひとりの力で立つこと。

たとえば、自分ひとりの力で仕事を進めたり、誰にも頼らず生活を成り立たせたり。こうした姿勢は力強く立派に思えますが、これは「孤立」に近い状態ではないでしょうか？

私たちは、人とのつながりなくして、安心感を醸成することなどできません。一人でいたら絶対に不安感を拭うことができないし、一人の力には必ず限界があります。孤立の先に、自由や人生の充実はないのです。

先ほど、自立とは他人に支配されないことという話をしましたが、これは「人を頼ってはいけない」というわけではありません。むしろ、自分の力を過信せず、ムリをしたりせずに、人と助け合うことができてこそ、本当に精神的に自立している状態だと言えます。

その理由は、自立していない人を考えてみるとわかりやすいでしょう。

自立していない人は、人が困っているときに手を差し伸べる余裕なんてありません。

また、自立していない人は、他者に助けてもらったとき、その人に依存するようになりやすいでしょう。

浄土真宗の開祖である親鸞《しんらん》は、「他力本願《たりきほんがん》」という考えを説きました。これは、自力で生きようとしてはいけない、（阿弥陀仏の）他力にすがって生きるんだ、という考えです。親鸞は、自力で生きて、自力で往生を遂げようとするのは、自分を買いかぶった愚か者の発想だといいます。そうではなく、自分の弱さを認め、決して自力で生きようとせず、他力にすがることこそが正しい生き方だと説いたのです。

これは、なんでも自分ひとりで背負い込んで、こころを崩してしまいがちな現代人にこそ、必要な考えでしょう。

自立と自己肯定感は深くつながっている

これまでの話をまとめると、**精神的な自立とは、「他人に支配されない」かつ、「人と助け合うことができる」状態だと定義できます。**

さて、ここで自己肯定感の定義を思い出してみましょう。

自己肯定感とは、

❶自尊感情
❷自己受容感
❸自己効力感
❹自己信頼感
❺自己決定感
❻自己有用感

の6つの〝感〟によって支えられているものでした。

「他人に支配されない」のは、自分の能力や可能性を信じる「③自己効力感」や「④自己信頼感」、自分の人生を自分で決めていこうという「⑤自己決定感」を持つことによって叶えられます。

また、自分ひとりの力に頼らず人に助けを求められるのは、できない自分も受け入れる「②自己受容感」があってこそできること。

反対に誰かを助けることは、自分は誰かの役に立っているという「⑥自己有用感」を高め、自分は価値がある人間であるという人間の根幹の「①自尊感情」を高めることにつながっていきます。

こう考えると、精神的な自立と、自己肯定感を支える6つの〝感〟は、深いところでつながっていることがおわかりいただけるでしょう。

私たちは、ありのままの自分で、自由に生きていくことを求めています。なりたい自分になりたいし、やりたい生き方を叶えたい。あの80代の男性のように、人生の最後まで、自分自身で人生の舵をとることを望むものなのです。

そして、それは自己肯定感を高め、精神的に自立することによって叶えられる。

――自己肯定感を高めて、精神的自立を目指す。

それによって、私たちは充実感や幸福感に満ちた、最高の人生を送ることができるのです。

おわりに――
幸せになっちゃった！ スタートラインに立とう！

口ぐせを変えるだけで、自己肯定感を高め、幸せになることができる。

本書では、そうお話ししてきました。

自己肯定感とは何かを理解し、自らの自己肯定感の状態を見つめ直して、自己肯定感を高める方法を知った。いま、みなさんは自己肯定感を取り戻すためのスタートラインに立ったところでしょう。

しかし、ここまで読んでもまだ、

「口ぐせだけで本当に自己肯定感が変わるかな？」

「口ぐせで私のネガティブ思考が変わるはずないよ」

と一歩めを踏み出せない人もいるでしょう。実際、私のもとへカウンセリングに来られる人の中にも、そんなふうに躊躇する人は少なくありません。

でも、そのためらいは、いますぐに捨てましょう。

疑ったままでもいいし、理屈がわからないままでもいい。

とにかく、いい口ぐせを言ってみてください。

なぜなら、いい口ぐせを言うことで確実に変化が起きるから。

これまで1万5000人以上のセッションを行ってきた私は、その効果を強く実感しています。

この本の最後のメッセージとして、「まず、やる」ことの大切さをお伝えしたいと思います。

南無阿弥陀仏が広がったわけ

みなさんは平安から鎌倉時代に生きた僧侶、法然《ほうねん》をご存じでしょうか？

法然は「南無阿弥陀仏と唱えるだけで極楽浄土に行ける」という「専修念仏《せんじゅねんぶつ》」の教えを説き、浄土宗を開きました。「南無阿弥陀仏」という言葉は、きっとみなさん全員が知っているでしょう。自分で言ったことがある、という人もとても多いと思います。

ふつう、仏教の教えと言えば、悟りを開くために経典を読んだり、戒律《かいりつ》を守って、修行に励むイメージがあります。実際に法然の時代は、仏道はいまよりもずっと厳しく、限られた人たちだけが出家し、修行に励んでいました。

だから、法然の「念仏を唱えるだけでいい」という教えは、とてもセンセーショナルなものだった。そのため、既存の仏教勢力からは大きな反発があったといいます。

それでも、法然は「専修念仏」を説いた。いったいなぜでしょうか?

法然は、その理由をこう語っています。

「一般の人たちには厳しい修行なんてできない。出家することもできないし、長い経典を覚えたり、毎日それを読み上げることもできないだろう。でも、そういう庶民こそ、救いを求めている。だから、自分たちは『みんなができること』を提案しないといけない。一般庶民が実践できることを提案して、ようやく教えは広まっていくんだ」

この法然の狙いは、ぴたりと的中しました。

「南無阿弥陀仏を言うだけなら俺にもできる!」

「じゃあ、とりあえず南無阿弥陀仏って言ってみようか」

と、**実践する人が続出したのです。**

「念仏を唱えるだけ」というシンプルな教えだったからこそ、民衆に広く支持され、浄土宗は日本全土に広がった。「南無阿弥陀仏」を言うことで、こころが救われたという人は、数えきれないほどいたでしょう。

結果として、法然の教えは、これだけ時間がたった現在でも、多くの人の人生に息づいているのです。

「いいらしいよ」を信じてみる

法然の教えを信じた人たちのように、みなさんにも「とりあえずやってみよう」となにかを実践した経験があるはずです。

たとえば、テレビで、免疫力を上げる食品を紹介する特集を見たとします。

その中で、「ヨーグルトを毎日食べると免疫力が上がり、風邪を引かなくなる」と言っていたので、実践してみることにした。もしくは、「納豆を食べると便秘によい」や「ブルーベリーを食べると目によい」などを試したこと。ほとんどの人が、そんなふうにメディアの発信した情報を信じて、実際に試してみた経験があるでしょう。

このとき、たとえばヨーグルトがからだの中でどんな働きをして、どういうふうに免疫力を上げることに影響するのか、そのメカニズムまでしっかりと理解する人はほとんどいないでしょう。

仕組みはよくわからないまま、「とにかく、いいらしいよ」と食べてみているわけです。

そして、しばらくたって忘れた頃に、

「そういえば最近風邪を引いていないな。毎日ヨーグルトを食べているおかげかも」

と効果を実感することになります。

もちろん体質に合わないこともありますし、劇的な効果を感じられない場合もあるでしょう。それでも「ヨーグルトなんて食べなきゃよかった」と後悔する人はいないはずです。


自己肯定感における「口ぐせ」も、このヨーグルトと同じなのです。

根拠も理論もなくたって構わないから、とりあえずいい口ぐせを言ってみる。

「『ありがとう』って毎日言うと、自己肯定感が上がるらしいよ」の言葉を信じて、実践してみるのです。続けていれば、必ず「あれ、いつの間にか自己肯定感が上がっているかも」と実感するときが訪れます。

たとえば、人をうらやましがることがなくなったり、気分がズドンと落ち込むことがなくなったり、なんとなくポジティブな思考になっていたり、チャレンジに踏み出す足が軽くなっていたり。まわりの人から、「なんか最近表情が明るいね」なんて言われることもあるかもしれません。

もちろん、「『ありがとう』って言わなきゃよかった」とか「この口ぐせを使わないほうがよかった」なんて後悔することもないでしょう。脳とこころによいことをやっているのですから、副作用の心配はいらないのです。

しかも、「口ぐせ」はヨーグルトと違って、スーパーに買いに行く必要もないし、お金もかかりません。時間も使わないし、どこにいても食べられます。**いますぐに、ノーコスト、ノーリスクで試せることです。**

とりあえず言ってみる。

それだけで人生が好転するのなら、こんなにラッキーなことはないと思いませんか？

まずは、「ありがとう」。

そのひと言から、あなたの人生が変わりはじめます。
他人と比べず、自分の軸で自由に生きる人生へ。
失敗やストレスを乗り越え、チャレンジを楽しみながら、成功を引き寄せる人生へ。
自分を好きになり、いつも幸福を感じられる人生へ。
そんな最高の人生が、あなたの未来です。

JUST DO IT!
さあ、今日から口ぐせを変えていきましょう。
――ありがとう!

中島 輝

中島輝（なかしま・てる）

作家、心理カウンセラー、自己肯定感アカデミー代表、トリエ（torie）代表。自己肯定感の第一人者として、独自の自己肯定感理論の重要性を全ての人に伝え、自立した生き方を推奨することをミッションに活動。新しい生き方を探求する「風輝塾」を開催するほか、中島流のメンタル・メソッドを広く知ってもらうために主催する各種講座は毎回満席。毎月500名以上のカウンセラー、コーチ、メンタルトレーナー、セラピストを育成・輩出している。著書は『自己肯定感の教科書』『繊細すぎる自分の取扱説明書』（SBクリエイティブ）など、その累計発行部数は60万部を突破、書店、Amazonランキングなどで毎回1位を獲得し、海外でも翻訳され出版されている。

「中島輝代表　自己肯定感アカデミーサイト」
https://ac-jikokoutei.com

「中島輝毎日発信　自己肯定感が高まるメルマガ」
https://1lejend.com/stepmail/kd.php?no=JqOglmqy

口ぐせで人生は決まる
こころの免疫力を上げる言葉の習慣

2023年7月15日　第1刷発行
2023年8月1日　第3刷発行

著　者　中島輝
発行者　櫻井秀勲
発行所　きずな出版
東京都新宿区白銀町1－13
電話03-3260-0391　振替00160-2-6333551
https://www.kizuna-pub.jp/

印　刷　モリモト印刷
構　成　水沢環（batons）
編集協力　古賀史健（batons）
装　丁　西垂水敦・内田裕乃（krran）

ISBN974-86663-207-0